WHITE BOOK

WHITE BOOK

Inspiration
& Notizen
für Autor*innen
#fantasy

M.C. Larroh

Bibliografische Information der Deutschen Nationalbibliothek: Die Deutsche Nationalbibliothek verzeichnet diese Publikation in der Deutschen Nationalbibliografie; detaillierte bibliografische Daten sind im Internet über dnb.dnb.de abrufbar.

© 2021 Manel Cass. Larroh
Herstellung und Verlag: BoD – Books on Demand, Norderstedt

Layout, Satz und Illustrationen: San Schaller
Korrektur und Lektorat: San Schaller

ISBN: 978-3-753404-63-9

für alle, denen dieses Buch was nützt

INHALT
& Vorwort

INHALT

Plot

Figuren

Weltenbau

Praxishilfe

Motivation

Notizen

Quellen

Notizfach

VORWORT

Schreiben ist eine umfangreiche Sache, und es verleitet mich dazu, überall meine Notizen rumliegen zu lassen. Das ist auch gut so. Schließlich ist es ein Ausdruck meiner Kreativität. Doch immer wieder habe ich mir gedacht, wie toll es wäre, das Wichtigste in einem Buch gesammelt zu haben bzw. sammeln zu können.

Und so habe ich angefangen, all meine Notizen zusammenzutragen. Ich habe mir ein Buch geschaffen, das all das, was ich mir gewünscht habe, vereint. Und dann hab ich mir gedacht: Vielleicht bin ich ja nicht die einzige, die damit was anfangen kann. Und so ist das White Book entstanden. Was am Anfang nur für mich gedacht war, ist nun für alle zugänglich.

Ein kurzes Durchblättern zeigt, dass da noch reichlich Platz vorhanden ist. Nicht, weil mir die Ideen ausgegangen sind, sondern aus einem ganz anderen Grund.

Schreiben ist ein Prozess – und zwar ein ganz persönlicher. Einer, bei dem der Autor seine Kreativität auslebt und sich dabei stetig weiterentwickelt. Indem Du die Möglichkeit hast, Listen selbst weiterzuführen und zu ergänzen, wird dieses Buch zu Deinem ganz persönlichen Begleiter. Denn was für den einen Autoren wichtig ist, ist für den anderen irrelevant.

Ich möchte hier noch betonen, dass das White Book kein Schreibratgeber ist. Es finden keine Begriffserklärungen statt oder worauf man als Autor*in besonders achten muss, wenn man einen Roman schreiben will – dafür gibt es einschlägige Literatur. Das White Book dient als Erinnerungsstütze, Notizensammlung und Inspirationshilfe. In seiner kompakten Art könnte es manchen Schreibanfänger verwirren und mehr offene Fragen hervorrufen als Antworten zu liefern.

Wie der Hashtag auf dem Umschlag andeutet, liegt das Schwergewicht auf dem Fantasy Genre. Das bedeutet aber nicht, dass das White Book nicht auch für Triller, Romanzen oder Krimis geeignet ist. Allerdings möchte ich mich hier nicht als Experte hervortun, denn ich habe die letzten Jahre meinen Fokus auf Fantasy gerichtet.

Das White Book erklärt sich eigentlich von selbst. Die Kapitel bilden Schwerpunkte, die jedem Autor*in bekannt sind. Ich möchte hier auch gar nicht mehr ins Detail gehen. Stöbere herum und setze deine eigenen Seitenmarker. Sobald du dich mit dem Inhalt vertraut gemacht hast, wird das White Book zu deinem eigenen Nachschlagewerk werden, das dich inspiriert und beflügelt, das deine Ideen und Notizen festhält und über mehrere Projekte hinweg ausbaufähig ist.

Natürlich wird hier kein Anspruch auf Vollständigkeit erhoben und ich schliesse nicht aus, bei einer möglichen 2. Auflage, die Kapitel um einzelne Themen zu erweitern.

In diesem Sinne wünsche ich euch viel Spaß und frohes Schaffen.

Manel Cassandra Larroh
2021

PLOT

Struktur
Methode
& Reise

3-AKT-STRUKTUR

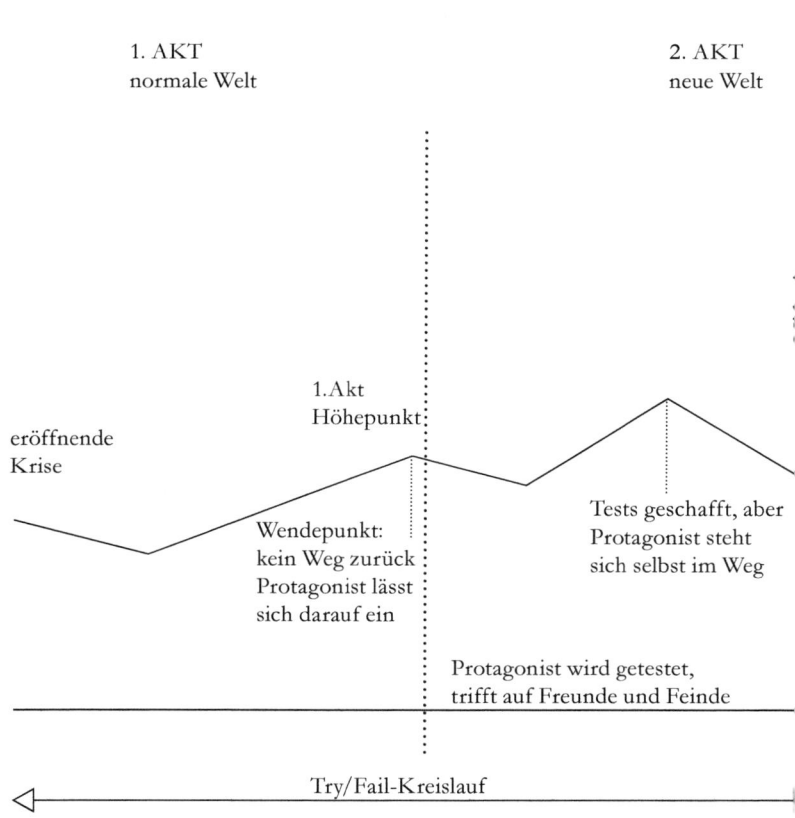

1. AKT
normale Welt

2. AKT
neue Welt

eröffnende
Krise

1.Akt
Höhepunkt

Wendepunkt:
kein Weg zurück
Protagonist lässt
sich darauf ein

Tests geschafft, aber
Protagonist steht
sich selbst im Weg

Protagonist wird getestet,
trifft auf Freunde und Feinde

Try/Fail-Kreislauf

1. Akt führt Protagonist ein, der
zögerlich in neue Welt eintaucht,
zudem die Romanze (spätestens im
2. Akt), Freund, Mentor und Feind.

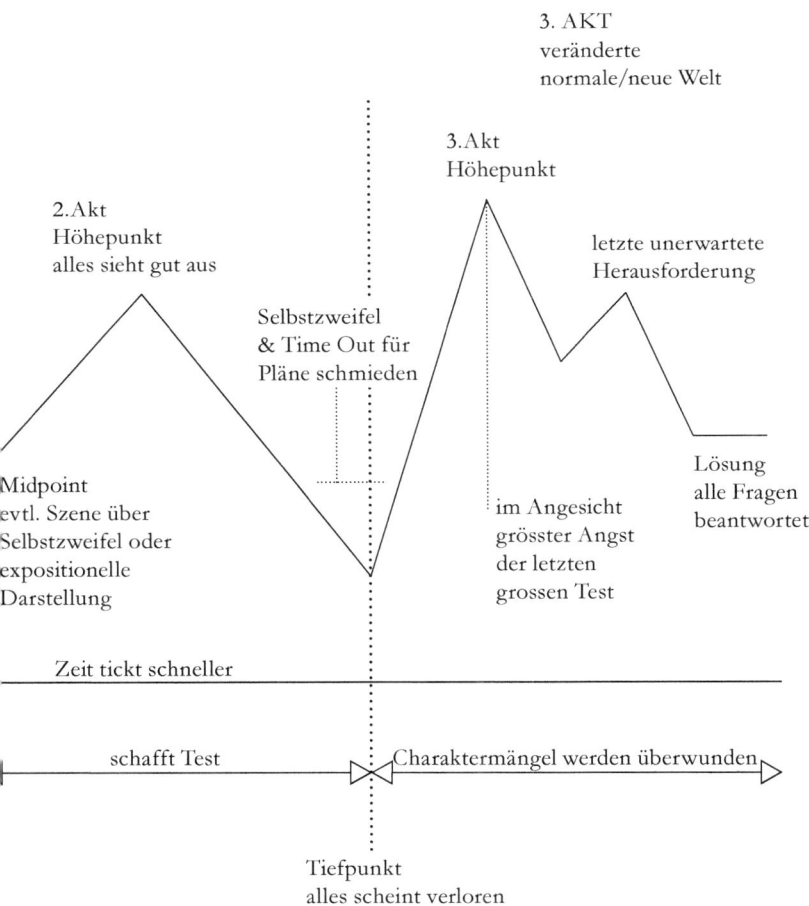

3. AKT
veränderte
normale/neue Welt

3.Akt
Höhepunkt

2.Akt
Höhepunkt
alles sieht gut aus

letzte unerwartete
Herausforderung

Selbstzweifel
& Time Out für
Pläne schmieden

Midpoint
evtl. Szene über
Selbstzweifel oder
expositionelle
Darstellung

im Angesicht
grösster Angst
der letzten
grossen Test

Lösung
alle Fragen
beantwortet

Zeit tickt schneller

schafft Test

Charaktermängel werden überwunden

Tiefpunkt
alles scheint verloren

3-9-27-METHODE

3 Akte — 9 Blocks — 27 Kapitel

1. Akt
>Block 1
>>- Einführung
>>- Zwischenfall
>>- Niederschlag
>Block 2
>>- Reaktion auf Zwischenfall
>>- Handlung
>>- Konsequenzen
>Block 3
>>- Druck
>>- Plot Twist
>>- Übergang in 2. Akt

2. Akt
>Block 4
>>- Neue Welt
>>- Spiel und Spaß
>>- kontrastierende Effekte nebeneinander
>Block 5
>>- Aufbauen
>>- Midpoint
>>- Umkehrung
>Block 6
>>- Reaktion
>>- Versuche steigern die Fallhöhe
>>- Hingabe

3. Akt

    Block 7

        - Ruhe vor dem Sturm

        - Plot Twist

        - Dunkelste Stunde

    Block 8

        - Innere Kraft

        - Action

        - Annäherung

    Block 9

        - Letzte Konfrontation

        - Höhepunkt

        - Lösung

SNOW FLAKE METHODE

nach Randy Ingermanson

1/
1 Satz Zusammenfassung des Romans
—> siehe Kapitel Pitch S. 128

2/
Pitch zu Absatz erweitern. (max. 5 Sätze)

1. Satz	Hintergrund
2. Satz	1. Katastrophe
3. Satz	2. Katastrophe
4. Satz	3. Katastrophe
5. Satz	Ende

3/
Figuren auflisten und zu jeder Figur einen Satz machen, der folgende Punkte beinhaltet:
- Handlung
- Motivation
- Ziel
- Konflikt (was die Figur aufhält)
- Auflösung

Dann einen Absatz schreiben zu jeder Figur, der die oben aufgelistete Punkte beinhaltet.

4/
Jeder Satz aus 2/ zu vollem Absatz ausbauen. (max. 1 Seite)

5/
Beschreibung der Hauptfiguren jeweils auf 1 Seite ausbauen.
Beschreibung der Nebenfiguren jeweils auf 1/2 Seite ausbauen.
Alles aus der Sicht der Figuren.

6/
Jeder Absatz aus 4/ zu einer Seite ausbauen sodass 4 Seiten Synopsis entstehen. Hindergrund und 1. Katastrophe zusammennehmen.

7/
Figurenbeschreibungen zu Charakterdiagrammen ausbauen.
- Geburtsdatum
- Beschreibung Aussehen
- Motivation
- Ziel
Und wichtig: Veränderung von Anfang zu Ende

8/
Zu jeder Seite der 4-seitigen Synopsis eine Szenenliste machen.
Verwende Tabelle.
1 Zeile für 1 Szene.

9/
Nimm jede Szene unter die Lupe.
Füge Konflikt hinzu, wenn keiner vorhanden ist.

10/
Achtung! Fertig! Los!
Schreiben!!!

HELDENREISE

nach Joseph Campbell

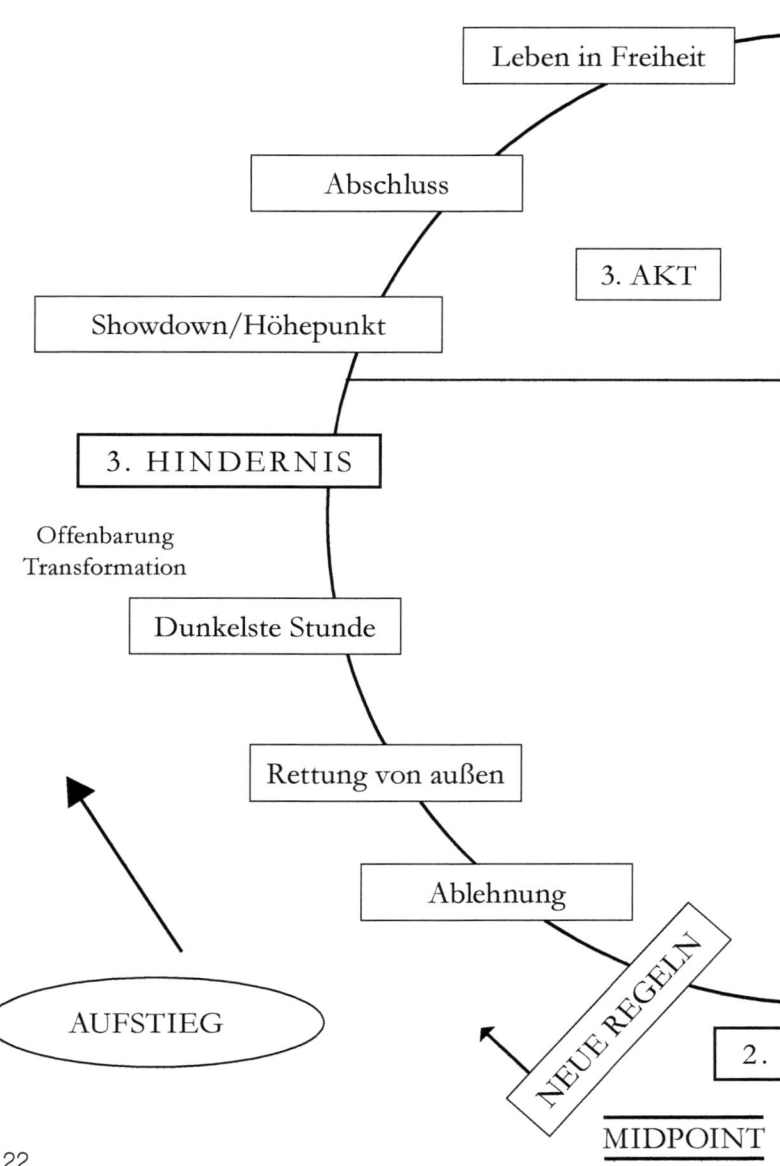

Leben in Freiheit

Abschluss

3. AKT

Showdown/Höhepunkt

3. HINDERNIS

Offenbarung
Transformation

Dunkelste Stunde

Rettung von außen

Ablehnung

AUFSTIEG

NEUE REGELN

2.

MIDPOINT

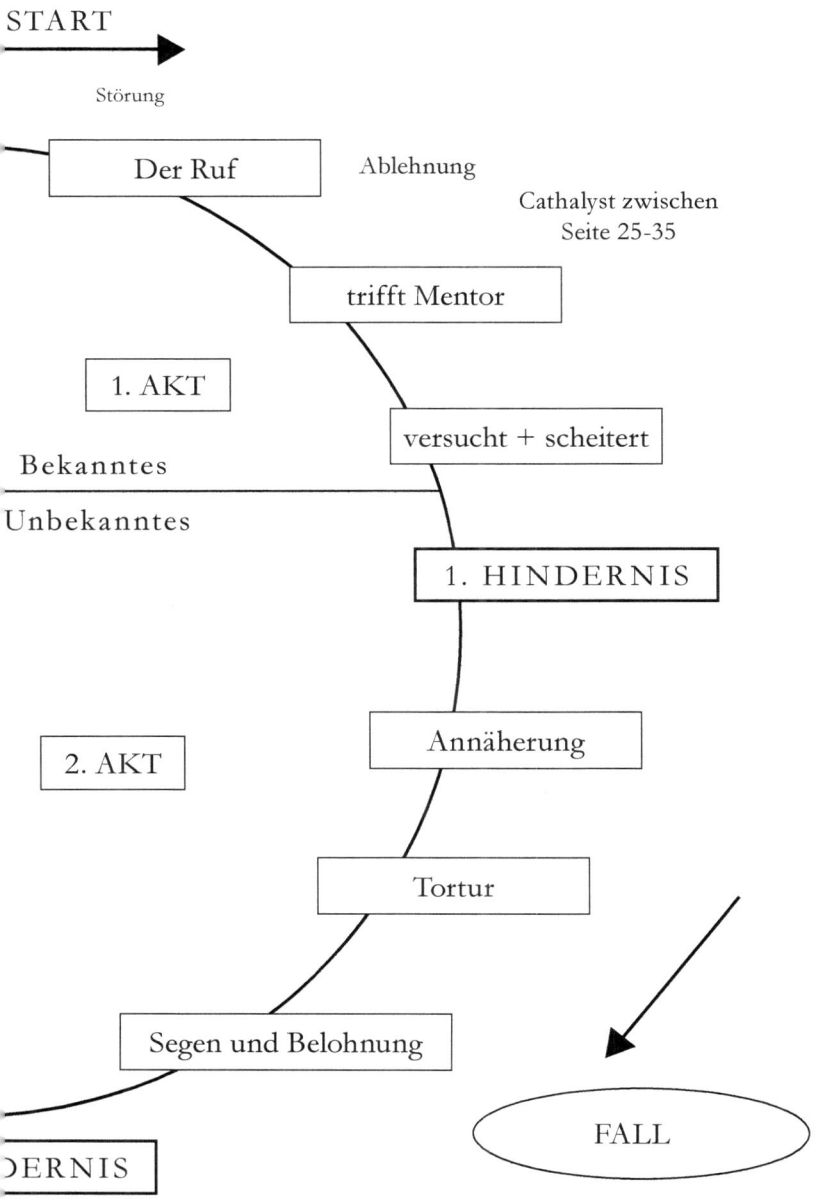

START

Störung

Der Ruf

Ablehnung

Cathalyst zwischen
Seite 25-35

trifft Mentor

1. AKT

versucht + scheitert

Bekanntes

Unbekanntes

1. HINDERNIS

Annäherung

2. AKT

Tortur

Segen und Belohnung

FALL

)ERNIS

23

7 MASTERPLOTS

nach Christopher Booker

1 / Das Monster überwinden

2/ Von arm zu reich

3/ Quest

4/ Reise und Rückkehr

5/ Komödie

6/ Tragödie

7/ Wiedergeburt

Plots, die Booker ablehnt

8/ Mystery

9/ Rebellion gegen „das Eine"

20 MASTERPLOTS

nach Ronald B. Tobias

Suche (Quest)

Abenteuer (adventure)

Reif werden (maturation)

Innere Wandlung (Transformation)

Äußere Verwandlung (metamorphosis)

Aufstieg und Fall (descension)

Das Extreme und Exzessive (wretched Excess)

Liebe (love)

Verbotene Liebe (forbidden love)

Rivalität (rivalry)

Der Unterlegene (Underdog)

Versuchung (temptation)

Opfer (sacrifice)

Rache (revenge)

Verfolgung (pursuit)

Flucht (escape)

Rettung (rescue)

Rätsel (the riddle)

Entdeckung (Discovery)

PLOT - NOTIZEN

Save The Cat! Beat Sheet von Blake Snyder
https://www.studiobinder.com/blog/save-the-cat-beat-sheet/

Mehr Motive
https://verymuchbimyself.tumblr.com/
post/632521505999355904/tropes-i-like

PLOT - NOTIZEN

FIGUREN

Aussehen
Fähigkeiten
Persönlichkeit
& Funktion

NAMEN

Claude, Jet, Smith, Anamor, ~~Sam,~~ Gulik, Trom, Sana, ~~Mai,~~ Saskia, ~~Raki,~~ Tom

check: https://donjon.bin.sh/fantasy/name/

HAARE

Braun
rehbraun
mahagoni, kastanienbraun, dunkelbraun
ocker, sandbraun, ember, cognac
haselnussbraun, goldbraun

Rot
feuerrot, drachenrot
Bronze, Kupfergold

Blond
strohblond
weißblond, platinblond
goldblond, honigblond

Schwarz
kohleschwarz
schokobraun, mocca

Grau
silber, silbergrau
aschgrau, -braun, -blond
beige, gris, blau, weiß

Grün, Gelb, Violett, Pink

gescheckt, gepunktet
einfarbig, zweifarbig, mehrfarbig

offen / zusammen
kurz, halblang, schulterlang, lang, gestuft, lockig, gerade,
zerzaust, wild, glatt, schwer, leicht, dick, dünn, gescheitelt,
geflochten, hochgesteckt, gezwirbelt, geglättet, kahl, glatzköpfig

Bürstenschnitt, Fassonschnitt, Flat, Igelschnitt, Meckifrisur,
Vokuhila, Zündschnur, Tonsur, Undercut

Hochfrisur, Dauerwelle, Bob, Messerschnitt, Olympiarolle,
Pagenkopf, Pilzkopf, Pixie, Turmfrisur

Tolle, Irokesenschnitt, Afro-Look, Dreadlocks, Rastalocken,
Spikes

Zopf, Zöpfe, Pferdeschwanz, Haarknoten, Dutt,

Dreitagebart, Backenbart, Kinnbart, Koteletten, Mongolenbart,
Schnurrbart, Schnauzer, Vollbart

AUGEN

Blau
hellblau, graublau, himmelblau, aquamarin,

Grün
türkisgrün, -blau, waldgrün, hellgrün, pastell, moosgrün,
giftgrün, jade, grasgrün, smaragdgrün

Braun
nussbraun, kastanienbraun, erdbraun, sepia, zimtbraun, bronze,
kupfer, haselnussbraun, sandbraun

Schwarz
rabenschwarz, rauchkristall, pechschwarz

Rot
karmesinrot, feuerrot, blutrot, orangerot

Gelb
fuchsgelb, drachengelb, sonnengelb

Weiß
glitzernd, silbern,

Augen
klein, rund, mandelförmig, geschlitzt, asiatisch, kindlich, groß,
schwermütig, müde, auseinanderstehend, engstehend,
hervorstehend, abschwingend, aufschwingend, aufsteigend,
zusammengekniffen, klar,

Monolid, Schlupflid, Krähenfüsse, Lachfalten,

scharf, kurzsichtig, weitsichtig, blind
geschminkt, ungeschminkt

Monokel, Brille, Nietbrille, Scherenbrille, Sonnenbrille,
Skibrille, Schutzbrille

Brauen / Wimpern
buschig, dünn, geschwungen, steil, rund, wellenförmig, elegant,
gerade, breit, schmal, gezupft, ausgeprägt, fein, dünn
lang, kurz, zart, gewölbt, weich, gebogen, schwer, dicht

Blick
flüchtig, klar, zärtlich, prüfend, suchend, vielsagend, grimmig,
giftig, flehend, verstohlen, trüb, starr, glasig, böse, stolz, kurz,
finster, wild, erstaunt, drohend, flammend, leuchtend, weich,
misstrauisch, argwöhnisch,

HAUT

Weiß
creme, blass, beige, kühl, durchsichtig, durchscheinend,
blutleer, krank, kreideweiss, bläulich, milchig

Braun
umbra, gold, loh, taupe, khaki, warm, olive, kupfer, gelblich,

Schwarz
schockobraun, nachtschwarz, mocca

Rot
bronze, rosa, blutrot, purpurrot

Aussehen

rein, sauber, vernarbt, glatt, jung, alt, runzlig, gesund, krank, dreckig, blutleer, geschwollen, gerötet, aufgedunsen, schuppig, trocken

Ausschlag, Narbe, Pickel, Akne, Beulen, Schuppen, Ekzem, Muttermal, Feuermal, Pigmentstörung, Pusteln, Tätowierung

KLEIDUNG

Unterhemd, Unterhose, Kittel, Strumpf, Unterrock, Beinling, Rock mit Stehkragen, Umhang, Wams, Schaube, Krause, Latz, Pluderhose, Schnürhemd, Gehrock, Pumphose, Rockhose, Frack, Vatermörder, Jackett

Untergewand, Schlauchkleid, Schleier, Kleid mit Schleppe, Mieder, Reifrock, Leibchen, Seidenkleid, Puffärmel

Uniform, Mönchskutte, Lederschürze, Talar, Brautkleid, Tracht, Badebekleidung

Filzhut, Gugelhaube, Haube, Kopftuch, Hennin, Barett, Schlapphut, Zylinder,

Schnabelschuhe, Wendeschuhe, Lederschuhe, Stiefel, Turnschuhe, Mokassins, Schlüpfer

Baumwolle, Wolle, Leine, Strickware
Seide, Samt, Brokat, Tüll, Chiffon
Leder, Pelz, Wildleder

Kette, Ohrringe, Fingerringe, Fibel, Spange, Nadel,
Handschuhe, Fächer, Spitzentaschentuch, Bänder, Haarreif,
Rüschel, Zierkamm, Haarnadel, Diadem, Krawatte, Jabot,

starr, leicht, steif, locker, weich, hart, eng, weit, figurbetont,
tailliert, kurz, lang, geschlitzt, fliessend, bestickt, bauschig
schulterfrei, bedeckt, zugeschnürt

LEIDENSCHAFT & FÄHIGKEITEN

Begeisterung geht nicht zwingend mit Können einher.

Fachbereiche
Mathematik, Sprachen, Fremdsprachen, Physik, Chemie,
Rhetorik, Musik, Religion, Naturwissenschaft, Allgemeinwissen

Kunsthandwerk
Keramik, Glasblasen, Schmieden, Scherenschnitte, Malerei,
Holzschnitzen, Steinmetz, Töpfern

Hobbys
kochen, singen, schauspielern, reiten, Musikinstrument spielen,
zeichnen, turnen, Ornithologie, Philatelie

Aus dem Stehgreif
lügen, improvisieren, motivieren, Rede halten, vorausschauend,
analytisch, logisches Denken

Im Krieg
Faustkampf, Schwertkampf, Strategie & Taktik, Schach,
kalkulierend, zielgerichtet, loyal

Sozial
umgänglich, familienlieb, tierlieb, bringt die Menschen
zusammen, redegewandt

Persönlich
diszipliniert, belastbar, beweglich, beharrlich, engagiert,
diskret, Führungspersönlichkeit, teamfähig, treu, emotional,
multitasking

MACKEN

... in den Griff bekommen oder daran zu Grunde gehen.

neurotisch, ständig Zweifel, übervorsichtig

organisiert, macht Listen, Regeln, Pläne für alles

perfektionistisch, wird nie fertig mit Arbeit

leistungsbezogen, Verzicht auf Vergnügen oder Beziehungen

pedantisch, eigensinnig, konventionell, skrupulös, rigide, gewissenhaft

herrisch, unterordnend, überheblich

geizig, hortet Geld für Katastrophenfall

hortet Dinge, Messi

geradeheraus, kein Blatt vor den Mund, loses Mundwerk

summt oder singt bei Nervosität, wippt nervös mit dem Bein, flattert mit den Fingern

gestörtes Verhalten bis zu gewissem Grad:
Essverhalten, Trinkgewohnheiten, Rauchen, Glücksspiel, Nymphomanie, Kleptomanie

glaubt perfekt zu sein

liest in jeder freien Minute

lutscht die ganze Zeit Bonbons

beisst bei Nervosität an den Nägeln

sucht den Nervenkitzel durch Geschiwindigkeit

PHOBIEN

Macke oder Handicap.

Achluophibia, Nyktophobie (Dunkelheit)
Agoraphobie (weite Plätze / Menschenmengen)
Ailurophobie (Katzen)
Akrophobie, Altophobie, Hypsophobie (Höhen)
Algophobie (Schmerz)
Anemophobie (Wind, Windzügen, Stürmen)
Anthropophobie (Menschen, Gesellschaft)
Aphephosmophobie (Berührung durch andere Lebewesen)
Aquaphobie, Hydrophobie (Wasser)
Arachnophobie (Spinnen)
Astraphobie (Donner und Blitz)
Automatonophobie (Puppen)
Coulrophobie (Clowns)
Dysmorphophobie (Störung vor eigenem Leib)
Emetophobie (Erbrechen)
Enochlophobie (Menschenmassen)
Erythrophobie (Erröten)
Gephyrophobie (Brücken)
Gymnophobie (eigene Nacktheit)
Haematophobie (Blut)
Haphephobie, Haptaphobie (etwas zu berühren)
Heliophobie (Sonne / Sonnenlicht)
Herpetophobie (Echsen, Reptilien, Krabbeltiere)
Hydrophobie (Wasser)
Hippopotomonstrosesquipedaliophobie (lange Wörter)
Ikonophobie (Bildern, Abbildungen)
Kairophobie (Entscheidungen)
Kakorrhaphiaphobie (Versagen)
Klaustrophobie (enge Räume)
Kynophobie (Hunde)

Ligyrophobie (plötzliche, laute Geräusche)
Logophobie (sprechen)
Methatesiophobie (Veränderungen, Erfolg)
Musophobie (Mäuse / Ratten)
Mysophobie (Schmutz, Keime, Dreck, Ansteckung)
Nekrophobie (Tod / Tote)
Nosophobie (krank zu werden)
Ophidiophobie (Schlangen)
Ophthalmophobie (angestarrt zu werden)
Ornithophobie (Vögel)
Osmophobie (Gerüche)
Paraskavedekatriaphobie (Zahl 13)
Phonophobie (Geräuschen)
Photophobie (Licht)
Pädophobie (Kinder)
Pharmakophobie (Medikamente)
Phasmophobie (Geister)
Philophobie (Liebe)
Pyrophobie (Feuer)
Soziophobie (Menschen / Gesellschaft)
Spektrophobie (eigenes Spiegelbild)
Thanatophobie (Tod)
Taphophobie (Friedhöfen, lebend begraben zu werden)
Technophobie (Technologie)
Thalassophobie (das Meer)
Trypanophobie (Spritzen)
Trypophobie (Löcher)
Zoophobie (Tiere)

HANDICAPS

... beeinträchtigen Handlungsspielraum.

Körperlich

Asthma, chronischer Husten
Anämie, Schwäche
Schmerzen

blind, farbenblind, fehlendes Auge
Krüppel, Holzbein, nicht alle Finger, im Rollstuhl

zu jung, zu alt,

unfruchtbar

Raucherlunge

Geistig

Halluzinationen,
Schizophrenie
Posttraumatische Belastungsstörung
Depression, Manie

irre, wahnsinnig, geistig zurückgeblieben

kennt keine Grenzen,

sadistisch, masochistisch, suizidal

LIMITS

42,3°C Körpertemperatur
Hitzschlag irreversibel und tödlich

4°C kaltes Wasser
Wasser entzieht Körperwärme. Max. 30min erträglich.

30°C Körpertemperatur und weniger
Muskelzittern hört auf, Energiereserven sind verbraucht. Kälte
und Schmerzen werden nicht mehr wahrgenommen.

110°C heiße Umgebungstemperatur
In brennendem Gebäude 10min Überlebensdauer für
Erwachsene, sofern sie nicht vorher wegen Kohlenmonoxid
ohnmächtig werden.

2'500 m.ü.M.
Verminderter Sauerstoffgehalt kann Höhenkrankheit auslösen:
Kopfschmerzen, Schwindel, Übelkeit.

4'500 m.ü.M.
Das Bewusstsein der meisten Menschen beginnt zu schwinden.
Hochlandbewohner haben sich mit größeren Lungenvolumen
und höherer Anzahl roter Blutkörperchen angepasst.

1-2 Monate ohne Nahrung
Verliert eine Person 30% ihres Körpergewichts, wird sie
sterben. Die Chance, dass sie aber an einer Krankheit stirbt,
ist grösser, als zu verhungern.

3-4 Tage Wassermangel
Ein gesunder, junger Mensch hält 3-4 Tage durch. Innere Ver-
giftung und Kreislaufzusammenbruch führen meist zum Tod.

2 min Sauerstoffmangel

Die meisten Menschen verlieren das Bewusstsein nach 2min Sauerstoffentzug. Nach 5min treten Hirnschäden auf. Nach 10min klinischer Tod.

40% Blutverlust

Eine Mensch kann nach einem Blutverlust von 30% überleben. Nach 40% Blutverlust benötigt er dringend eine Bluttransfusion. Akut betrachtet man 20%, das ca. 1 Liter entspricht, als kritisch.

Medizinische 3er-Regel

- 3 min ohne Sauerstoff
- 3 d ohne Wasser
- 3 Wochen ohne Nahrung

LEARY WHEEL

zwischenmenschliches Verhalten

Schnell entscheiden, ob es zutrifft. Kasten freilassen bei Zweifel. Von Spalte zu Spalte. Punkte pro Buchstaben zusammenzählen (z.B. P=4).

☐ Gut angesehen	☐ Macht einen guten Eindruck	
☐ Weiß immer Rat	☐ Wichtigtuerisch	
☐ Häufig verehrt	☐ Von anderen respektiert	P
☐ Versucht zu sehr, erfolgreich zu sein	☐ Erwartet, dass all ihn verehren	

☐ Fähig, Befehle zu erteilen	☐ Energisch	
☐ Rechthaberisch	☐ Dominant	
☐ Guter Anführer	☐ Übernimmt gern Verantwortung	A
☐ Leitet andere	☐ Diktatorisch	

☐ Respektiert sich selbst	☐ Unabhängig	
☐ Überheblich	☐ Stolz und selbstzufrieden	
☐ Selbstbewusst	☐ Selbständig und bestimmt	B
☐ Etwas hochnäsig	☐ Geltungsbedürftig und eingebildet	

☐ Kann sich um sich selbst kümmern	☐ Anderen gegenüber gleichgültig	
☐ Denkt nur an sich selbst	☐ Scharfsinnig, berechnend	
☐ Nüchtern, sachlich	☐ Misst sich gern mit anderen	C
☐ Egoistisch	☐ Kalt und gefühllos	

☐ Kann, wenn nötig, streng sein	☐ Standhaft, aber gerecht	
☐ Keine Geduld mit Fehlern anderer	☐ Eigennützig	
☐ Abgebrüht, wenn nötig	☐ Streng, aber gerecht	D
☐ Höhnisch	☐ Grausam und lieblos	

☐ Kann offen und ehrlich sein	☐ Kritisch gegenüber anderen	
☐ Geradeheraus	☐ Häufig unfreundlich	
☐ Leicht erregbar	☐ Geradlinig	E
☐ Häufig erzürnt	☐ Hartherzig	

☐ Beschwert sich, wenn nötig	☐ Häufig bedrückt	
☐ Verbittert	☐ Klagend	
☐ Wird ungern bevormundet	☐ Skeptisch	F
☐ Nachtragend	☐ Rebelliert gegen alles	

☐ Fähig, andere anzuzweifeln	☐ Ständig enttäuscht	
☐ Eifersüchtig	☐ Braucht lange, um zu vergeben	
☐ Schwer zu beeindrucken	☐ Empfindlich, leicht zu verletzen	G
☐ Dickköpfig	☐ Misstraut jedem	

☐ Fähig zur Selbstkritik	☐ Entschuldigend
☐ Selbstbestrafend	☐ Schüchtern
☐ Leicht in Verlegenheit zu bringen	☐ Mangel an Selbstvertrauen
☐ Furchtsam	☐ Schämt sich immer für sich selbst

H
_____

☐ Kann gehorchen	☐ Gibt für gewöhnlich nach
☐ Passiv und nicht aggressiv	☐ Kleinlaut
☐ Leicht zu führen	☐ Bescheiden
☐ Gehorcht zu bereitwillig	☐ Hat kein Rückgrat

I
_____

☐ Dankbar	☐ Verehrt und imitiert andere
☐ Abhängig	☐ Will angeführt werden
☐ Oft Hilfe von anderen	☐ Sehr respektvoll bei Autoritäten
☐ Gibt fast nie Widerworte	☐ Klammernd

J
_____

☐ Verständnisvoll	☐ Sehnt sich nach Bestätigung
☐ Lässt andere Entscheidungen treffen	☐ Vertrauensvoll, will gefallen
☐ Nimmt bereitwillig Rat an	☐ Leicht übers Ohr zu hauen
☐ Mag es, betreut zu werden	☐ Glaubt jedem

K
_____

☐ Kooperativ	☐ Will mit anderen gut auskommen
☐ Zu leicht von Freunden beeinflussbar	☐ Vertraut sich jedem an
☐ Immer freundlich und angenehm	☐ Will von allen gemocht werden
☐ Will jedermanns Liebe	☐ Stimmt jedem zu

L
_____

☐ Freundlich	☐ Liebevoll und verständnisvoll
☐ Hat jeden gern	☐ Mag alle
☐ Umgänglich und gutnachbarlich	☐ Warmherzig
☐ Ständig freundlich	☐ Mag jeden Einzelnen

M
_____

☐ Aufmerksam	☐ Ermutigt andere
☐ Vergibt alles	☐ Über alle Massen mitfühlend
☐ Nett und aufmunternd	☐ Weichherzig
☐ Zu nachsichtig	☐ Versucht, jeden zu trösten

N
_____

☐ Hilfsbereit	☐ Großherzig und uneigennützig
☐ Übersieht Fehler großzügig	☐ Überbeschützend
☐ Liebt es, sich um andere zu kümmern	☐ Gibt alles von sich
☐ Viel zu freigiebig und großzügig	☐ Verwöhnt andere mit Güte

O
_____

Auswertung - LEARY WHEEL

8 verschiedene Persönlichkeitstypen
von Innen nach Aussen mit zunehmende Intensität

FEINDSELIGKEIT

konkurrierend-narzisstisch

eingebildet Egoist

ausbeuterisch

Über alle Ma... stolz. Angeb... Selbstverl... Lässt an... schlecht au...

aggressiv-sadistisch

grausam und lieblos

Denkt nur an sich selbst. Berechnend. Egoistisch. Nutzt andere aus. Ablehnend.

Misst sich gern mit anderen. Gleich-gültig gegenüber Mitmenschen. Erregt Misstrauen.

Unabhä... selbsts... durc... zungs... best...

hartherzig

Höhnisch, unerbitt-lich. Vereilt keine Fehler von anderen. Strafend.

Streng, aber gerecht. Kann, wenn nötig, hart sein.

Durchset... ungsfähig

Kann, wenn nötig, streng sein

D

Ständig wütend. Extrem unfreundlich. Nimmt kein Blatt vor den Mund. Beleidigend.

Kann verletzend sein, provokant, bei anderen unbeliebt.

Direkt, unverblümt

E

F

rebelliert gegen alles und jeden

Aufsässig. Beschwert sich ständig. Nachtragend. Aufgebracht.

Skeptisch. Seelenzustand oft düster und verbittert. Hasst Bevormundung.

Beschwert sich, wenn nötig

G

H

rebellisch-misstrauisch

traut nichts und niemandem

Eifersüchtig. Braucht lange, um ein Unrecht zu vergeben. Dickköpfig.

Empfindlich. Leicht verletzt.

Immer wieder enttäuscht. schwer zu beeindrucken.

Eher skeptisch

Bescheiden

Oft verlegen, Mangel an Selbstbewusst-sein. Enschul-digt sich häufig.

Passiv, zu führe... scheiden. aggress...

schämt sich ständig für sich selbst

Selbstverurteilend Provoziert Arroganz. Schuldgefühle. Über-trieben bescheiden.

Ohne Rück... Schwach. G... horcht nur al... gern. Willenlo...

bescheiden-masochistisch

befolgt Befeh... blind

- Punkte setzen
- Innerste Kreislinie = 0
- Äusserste Kreislinie = 8
- Ungerade Anzahl im Zwischenraum
- Punkte verbinden
- Geometrische Figur bildet vorherrschende
  Aspekte des zwischenmenschlichen Verhaltens ab

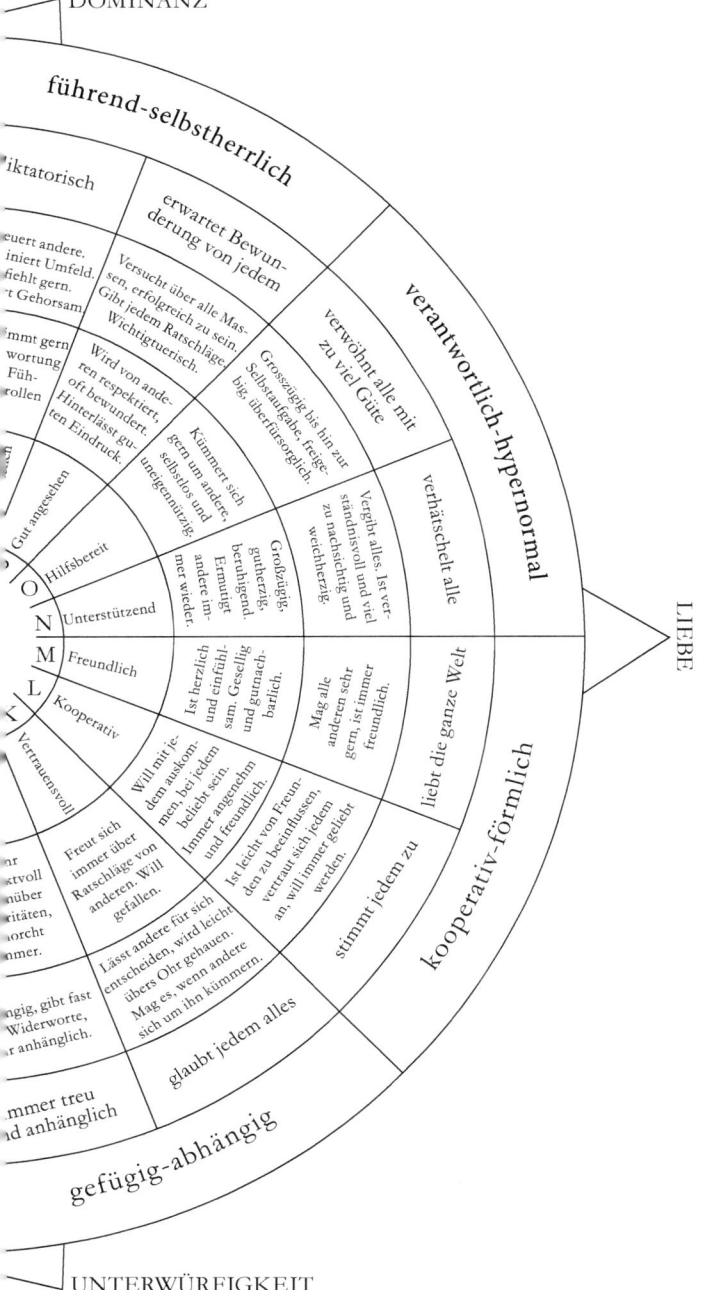

DOMINANZ

führend-selbstherrlich

diktatorisch

steuert andere.
dominiert Umfeld.
befiehlt gern.
will Gehorsam.

nimmt gern
Verantwortung
und Füh-
rungsrollen

erwartet Bewunderung von jedem

Versucht über alle Mas-
sen, erfolgreich zu sein.
Gibt jedem Ratschläge.
Wichtigtuerisch.

Wird von ande-
ren respektiert,
oft bewundert.
Hinterlässt gu-
ten Eindruck.

verwöhnt alle mit
zu viel Güte

Grossartige bis hin zur
Selbstaufgabe. Freige-
big. überfürsorglich.

verantwortlich-hypernormal

Gut angesehen

Kümmert sich
gern um andere.
selbstlos und
uneigennützig.

Vergibt alles. Ist ver-
ständnisvoll und viel
zu nachsichtig und
weichherzig.

verhätschelt alle

Hilfsbereit

Ist herzlich
und einfühl-
sam. Gesellig
und gutnach-
barlich.

Großzügig,
gutherzig,
beruhigend.
Ermutigt
andere im-
mer wieder.

Unterstützend

Freundlich

Mag alle
anderen sehr
gern, ist immer
freundlich.

liebt die ganze Welt

Kooperativ

LIEBE

Vertrauensvoll

Will mit jie-
dem auskom-
men, bei jedem
beliebt sein.
Immer angenehm
und freundlich.

sehr
respektvoll
gegenüber
Autoritäten,
gehorcht
immer.

Freut sich
immer über
Ratschläge von
anderen. Will
gefallen.

Ist leicht von Freun-
den zu beeinflussen.
vertraut sich jedem
an, will immer geliebt
werden.

stimmt jedem zu

kooperativ-förmlich

abhängig, gibt fast
nie Widerworte,
sehr anhänglich.

Lässt andere für sich
entscheiden, wird leicht
übers Ohr gehauen.
Mag es, wenn andere
sich um ihn kümmern.

glaubt jedem alles

immer treu
und anhänglich

gefügig-abhängig

UNTERWÜRFIGKEIT

57

MYERS-BRIGGS-Typenindikator

Kurzversion - Charaktereigenschaften

Welche Spalte beschreibt besser. Intuitiv entscheiden. Buchstaben markieren. Typen-Code eruieren.

E	I
Mit anderen Leuten zusammen zu sein, gibt mir Energie.	Mich mit mir selbst zu beschäftigen, gibt mir Energie.
Ich werde unruhig, wenn ich länger allein bin.	Ich werde unruhig, wenn ich länger keine Zeit für mich allein habe.
Ich würde mich als kontaktfreudig bezeichnen.	Ich würde mich als zurückhaltend oder schüchtern bezeichnen.

P	T
Ich bin eher praktisch verantlagt, arbeite gern mit realitätsnahen, praktischen Dingen.	Ich bin eher theoretisch veranlagt, arbeite gern mit Theorien, Konzepten, Gedanken und Ideen.
Ich achte besonders auf Details. Sie sind wichtiger als das Gesamtbild.	Das Gesamtbild ist wichtiger als Details.
Ich achte meist auf den realistischen und praktischen Nutzen.	Ich achte meist auf Möglichkeiten und Herausforderungen.

L	F
Ich entscheide meist logisch.	Ich entscheide meist nach Gefühl.
Ich bemerke unlogisches Denken und Verhalten anderer.	Ich bemerke es, wenn andere Unterstützung brauchen.
Ich bedenke die Pros und Kontras, den Nutzen einer Entscheidung.	Ich bedenke, wie eine Entscheidung mich und andere Menschen beeinflusst.

G	S
Ich plane meinen Alltag gern im Voraus.	Ich lasse die Dinge lieber einfach auf mich zukommen.
Ich lege mich lieber fest.	Ich halte mir lieber alle Möglichkeiten offen.
Das Leben sollte eher organisiert und geplant sein.	Das Leben sollte eher spontan und flexibel sein.

Kurzversion - Ursprung ist C. G. Jungs Typenlehre, die auf 16 Typen basiert.

Aktionisten

EPLS - Macher: abenteuerlustig, entschlossen, direkt, praktisch, objektiv, flexibel, gewissenhaft, logisch, aufmerksam, fröhlich, spontan, erfinderisch

EPFS - Entertainer: enthusiastisch, freundlich, verspielt, lebhaft, gesprächig, tolerant, fröhlich, angenehm, freigiebig, flexibel, praktisch

IPLS - Handwerker: abenteuerlustig, spontan, logisch, praktisch, entschlossen, neugierig, selbständig, furchtlos, loyal, analytisch sachlich

IPFS - Geniesser: harmonisch, spontan, sensibel, zurückhaltend, sanft, gutmütig, praktisch, einfühlsam, freundlich, verspielt, heiter

Rationalisten

ETLS - Erfinder: innovativ, offen, spontan, unabhängig, neugierig, unternehmungslustig, analytisch, clever, enthusiastisch, risikobereit, erfinderisch

ETLG - Kommandeur: logisch, selbstsicher, direkt, offen, hart, organisiert, entschlossen, ehrgeizig, geistreich, unabhängig, zielstrebig

ITLS - Denker: nachdenklich, logisch, skeptisch, kritisch, ruhig, präzise, unabhängig, kreativ, erfinderisch, analytisch, abstrakt, exzentrisch, neugierig

ITLG - Wissenschaftler: analytisch, unabhängig, selbstsicher, logisch, strukturiert, beharrlich, selbstverbessernd, entschlossen, zurückhaltend

Traditionalisten

EPLG - Direktor: logisch, praktisch, direkt, strukturiert, gewissenhaft, verantwortungsvoll, selbstsicher, kritisch, ehrlich, ordentlich, verlässlich

EPFG - Gastgeber: emotional, energiegeladen, traditionell, praktisch, loyal, hilfsbereit, zuverlässig, fürsorglich, sachlich, organisiert

IPLG - Inspektor: organisiert, beharrlich, logisch, praktisch, sachlich, ordentlich, pflichtbewusst, zurückhaltend, verlässlich, loyal, vernünftig

IPFG - Fürsorger: sorgsam, gutmütig, hingabevoll, freundlich, traditionell, loyal, rücksichtsvoll, zuverlässig, pflichtbewusst, praktisch

Idealisten

ETFS - Komiker: kreativ, spontan, emotional, locker, freundlich, optimistisch, charmant, enthusiastisch, hilfsbereit, selbständig, individualistisch

ETFG - Lehrer: enthusiastisch, verantwortungsvoll, redegewandt, hilfsbereit, loyal, diplomatisch, engagiert, kreativ, freundlich, inspirierend

ITFS - Träumer: kreativ, idealistisch, schwärmerisch, angenehm, zurückhaltend, freundlich, emotional, loyal, perfektionistisch, hilfsbereit, spontan

ITFG - Psychologe: einfühlsam, friedliebend, empfindsam, harmonisch, ruhig, gewissenhaft, pflichtbewusst, beharrlich, kreativ, hilfsbereit, idealistisch

HANDLUNGSFUNKTIONEN

Hauptfigur
Protagonist
Antagonist
Held
Bösewicht
best Buddy

Strebender
Gegenspieler
Schiedsrichter
Auftraggeber
Sprachrohr
Erstrebte Person
Helfer
Informant
Kontrastfigur
Opfer
Sterbender

Priester
Seher
König
Schlächter
Dieb
Krieger
Magier
Heiler

CHARAKTEREIGENSCHAFTEN

abenteuerlustig, abgehoben, abgeklärt, abgestumpft,
abwägend, abwartend, abweisend, abwesend, achtsam,
aggressiv, aktiv, albern, altklug, altruistisch, ambitioniert,
amüsant, angeberisch, angepasst, angriffslustig,
angsteinflößend, anhänglich, anpassungsfähig, anspruchslos,
anspruchsvoll, anziehend, arglistig, arglos, arrogant, artig,
atemberaubend, athletisch, attraktiv, aufbrausend,
aufmerksam, aufmerksamkeitsbedürftig, aufmüpfig,
aufrichtig, aufsässig, ausdauernd, ausdruckslos, ausgeflippt,
ausgefuchst, ausgeglichen, ausländerfeindlich, authentisch,
autonom, autoritär, ängstlich, ätzend

barbarisch, barmherzig, bedacht, bedrohlich, bedrückt,
beeinflussbar, befangen, begabt, begehrenswert,
begeisterungsfähig, begierig, begnügsam, begriffsstutzig,
behämmert, beharrlich, beherrscht, beherzt, behutsam,
bekloppt, belastbar, bemüht, bemutternd, beneidenswert,
bequem, berechnend, bescheiden, besessen, besitzergreifend,
besonnen, besorgt, bescheuert, besserwisserisch, beständig,
bestechlich, bestialisch, bestimmend, betörend, betriebsam,
betrügerisch, bevormundend, bezaubernd, bigott, bissig,
bizarr, blasiert, blauäugig, blutrünstig, bockig, bodenständig,
bösartig, böse, böswillig, borniert, boshaft, brav, breitspurig,
brisant, brummig, brutal

chaotisch, charakterlos, charakterstark, charismatisch,
charmant, chauvinistisch, cholerisch, clever, couragiert

dämlich, damenhaft, dankbar, defensiv, dekadent, demütig, depressiv, despotisch, destruktiv, devot, dezent, diabolisch, dickhäutig, dickköpfig, diktatorisch, diplomatisch, direkt, diskret, distanziert, distinguiert, diszipliniert, disziplinlos, divenhaft, dogmatisch, doktrinär, dominant, doof, drängend, dramatisch, dramatisierend, draufgängerisch, dreist, dubios, duckmäuserisch, dünkelhaft, dünnhäutig, duldsam, dumm, durchblickend, durcheinander, durchschaubar, durchschauend, durchsetzungsstark, durchtrieben, dusslig, dynamisch

echt, edel, effizient, egoistisch, egoman, egozentrisch, ehrenwert, ehrfürchtig, ehrgeizig, ehrlich, eifersüchtig, eigen, eigenbrödlerisch, eigennützig, eigensinnig, eigenständig, eigenwillig, einfach, einfältig, einfallsreich, einfühlsam, eingebildet, einnehmend, einsam, einschüchternd, eintönig, einzelgängerisch, einzigartig, eisern, eiskalt, eitel, ekelig, elegant, elitär, eloquent, emotional, empathisch, empfindlich, empfindsam, emsig, energiegeladen, energievoll, energisch, engagiert, engstirnig, entgegenkommend, enthaltsam, enthusiastisch, entscheidungsfreudig, entschlossen, entspannt, erbärmlich, erbarmungslos, erfahren, erfinderisch, erfolgsorientiert, erfrischend, erhaben, ermutigend, ernst, ernsthaft, erwartungsvoll, exaltiert, experimentierfreudig, extravagant, extrovertiert (extravertiert), exzentrisch

facettenreich, fair, falsch, familiär, fantasielos, fantasiereich, fantasievoll, fantastisch, fatalistisch, faul, fehlerhaft, feige, fein, feindselig, feinfühlig, feinsinnig, feminin, fesselnd, feurig, fidel, fies, flatterhaft, fleißig, flexibel, flink, folgsam, fordernd, forsch, fotogen, fragil, frech, freidenkend, freiheitskämfend, freiheitsliebend, freizügig, fremdbestimmt, freudvoll, freundlich, friedfertig, friedlich, friedliebend, friedvoll, frigide, frisch, frivol, fröhlich, frohsinnig, fromm, frostig, fügsam, fürsorglich, furchtlos, furchtsam, furios

galant, garstig, gastfreundlich, gebieterisch, gebildet, gedankenlos, gediegen, geduldig, gefährlich, gefällig, gefügig, gefühllos, gefühlsbetont, gefühlsduselig, gefühlskalt, gefühlvoll, gehässig, geheimnisvoll, gehemmt, gehorsam, geil, geistreich, geizig, gelassen, geldgierig, geltungssüchtig, gemein, generös, genial, genügsam, gepflegt, geradlinig, gerecht, gerissen, gescheit, geschickt, geschmacklos, geschmeidig, geschwätzig, gesellig, gesprächig, gesundheitsbewusst, gewagt, gewaltsam, gewalttätig, gewieft, gewissenhaft, gewissenlos, gewöhnlich, gierig, giftig, gläubig, gleichgültig, glücklich, gnadenlos, gönnerhaft, gottergeben, gottesfürchtig, gräßlich, grantig, grausam, grazil, griesgrämig, grimmig, grob, grobschlächtig, größenwahnsinnig, großherzig, großkotzig, großmäulig, großmütig, großspurig, großzügig, grübelnd, gründlich, gütig, gutgläubig, gutherzig, gutmütig

haarspalterisch, habgierig, hämisch, häuslich, halsstarrig, harmlos, harmoniesüchtig, hart, hartherzig, hartnäckig, hasserfüllt, hedonistisch, heimatverbunden, heimtückisch, heiß, heiter, hektisch, heldenhaft, heldenmütig, hellhörig, hemmungslos, herablassend, herausfordernd, heroisch, herrisch, herrlich, herrschsüchtig, herzerfrischend, herzlich, herzlos, hetzerisch, heuchlerisch, hibbelig, hilflos, hilfsbereit, hingebungsvoll, hinterhältig, hinterlistig, hinterwäldlerisch, hirnrissig, hitzig, hitzköpfig, hochbegabt, hochfahrend, hochmütig, hochnäsig, hochtrabend, höflich, humorlos, humorvoll, hungrig, hübsch, hyperaktiv, hyperkorrekt, hypochondrisch, hysterisch

ichbezogen, idealistisch, ideenreich, idiotisch, ignorant, impertinent, impulsiv, inbrünstig, individualistisch, infam, infantil, initiativ, inkonsequent, innovativ, inspirierend, instinktiv, integer, intelektuell, intelligent, interessiert, intolerant, intrigant, introvertiert, intuitiv, ironisch, irrational

jähzornig, jämmerlich, jovial, jugendlich, jungfräulich

kämpferisch, kalkulierend, kalt, kaltblütig, kaltherzig, kaltschnäuzig, kapriziös, katzig, keck, ketzerisch, keusch, kinderlieb, kindisch, kindlich, kleingeistig, kleinkariert, kleinlaut, kleinlich, kleinmütig, kleptomanisch, klug, knallhart, kokett, kollegial, kommunikationsfähig, kommunikativ, kompetent, kompliziert, kompromissbereit, konkret, konfliktfreudig, konsequent, konservativ, konsistent, konstant, kontaktfreudig, kontraproduktiv, kontrolliert, kooperativ, kopflastig, korrekt, korrupt, kosmopolitisch, kräftig, kraftvoll, krank, kratzbürstig, kreativ, kriecherisch, kriegstreiberisch, kriminell, kritisch, kritkfähig, kühl, kühn, künstlerisch, künstlich, kulant, kultiviert, kumpelhaft, kurios

labil, lachhaft, lässig, lahm, lammfromm, langsam, larmoyant, lasziv, launisch, laut, lebendig, lebensbejahend, lebensfroh, lebenslustig, lebensmüde, lebhaft, leger, leichtfertig, leichtfüßig, leichtgläubig, leichtsinnig, leidenschaftlich, leise, leistungsstark, lernbereit, lethargisch, leutselig, liberal, lieb, liebenswert, liebevoll, lieblich, lieblos, link, lösungsorientiert, loyal, lüstern, lustlos, lustvoll

machtgierig, machthaberisch, machthungrig, männerfeindlich, männlich, mager, magisch, manipulativ, martialisch, maskulin, masochistisch, maßlos, materialistisch, matriachalisch, melancholisch, memmenhaft, menschenscheu, menschenverachtend, merkwürdig, mies, mild, militant, mimosenhaft, misanthropisch, missgünstig, missmutig, misstrauisch, mitfühlend, mitleiderregend, mitleidslos, mitteilsam, modisch, mondän, moralisch, motiviert, müde, mürrisch, mütterlich, musikalisch, mutig

nachdenklich, nachgiebig, nachlässig, nachsichtig, naiv, nachtragend, narzisstisch, natürlich, naturfreudig, negativ, neidisch, nervig, nervtötend, nervös, nett, neugierig, neurotisch, neutral, niedergeschlagen, niederträchtig, niedlich, nihilistisch, niveaulos, nonchalant, normal, notgeil, nüchtern oberflächlich, objektiv, offen, offenherzig, offensiv, opportunistisch, optimistisch, ordentlich, ordinär, orientierungslos, ökologisch, ökonomisch

paranoid, passiv, patriotisch, patriarchalisch, pedantisch, penetrant, penibel, perfektionistisch, pervers, pessimistisch, pfiffig, pflegeleicht, pflichtbewusst, phantasievoll, phlegmatisch, philanthropisch, pingelig, planlos, poetisch, polarisierend, politisch, positiv, präzise, pragmatisch, prinzipientreu, produktiv, progressiv, prollig, promiskuitiv, prophetisch, protektiv, provokant, prüde, psychotisch, pünktlich, putzig

quälend, qualifiziert, querdenkend, quertreiberisch, quicklebendig, quirlig

rabiat, rachsüchtig, radikal, raffiniert, rassistisch, rastlos, rational, ratlos, ratsuchend, rau, reaktionär, realistisch, realitätsfremd, rebellisch, rechthaberisch, rechtschaffend, redegewandt, redelustig, reflektiert, rege, reif, reiselustig, reizbar, reizend, reizvoll, religiös, renitent, reserviert, resigniert, resolut, respektlos, respektvoll, reudig, reumütig, rigoros, risikofreudig, robust, romantisch, rückgratlos, rücksichtslos, rücksichtsvoll, rüde, ruhelos, ruhig, ruppig

sachlich, sadistisch, salopp, sanft, sanftmütig, sanguinisch, sardonisch, sarkastisch, sauertöpfisch, schadenfroh, schäbig, schamlos, scheinheilig, scheu, schlagfertig, schlampig, schlau,

schmeichelhaft, schmierig, schneidig, schnell, schnippisch,
schnoddrig, schön, schreckhaft, schrullig, schüchtern,
schullehrerhaft, schusselig, schwach, schweigsam, seicht,
schwungvoll, selbstbewusst, selbstdarstellerisch, selbstgefällig,
selbstgerecht, selbstherrlich, selbstkritisch, selbstlos, selbstre-
flektierend, selbstsicher, selbstständig, selbstsüchtig,
selbstverliebt, selbstzweifelnd, seltsam, senil, sensibel,
sensationslüstern, sensitiv, sentimental, seriös, sexistisch,
sexsüchtig, sicherheitsbedürftig, sinnlich, skeptisch,
skrupellos, skurril, smart, solidarisch, sonnig, sorgfältig,
sorglos, sorgsam, souverän, sozial, sparsam, spaßig, spießig,
spirituell, spitzfindig, spöttisch, spontan, sportlich,
sprachbegabt, spritzig, sprunghaft, stabil, stachelig, standhaft,
stark, starr, starrköpfig, starrsinnig, stereotypisch, stilbewusst,
still, stillos, stilsicher, stilvoll, störend, störrisch, stoisch, stolz,
strahlend, strategisch, streberhaft, strebsam, streitsüchtig,
streng, strikt, stürmisch, stumpf, stur, sturköpfig, subjektiv,
subtil, suchend, suchtgefährdet, süchtig

taff, tagträumerisch, taktisch, taktlos, taktvoll, tatkräftig,
tatlos, teamfähig, temperamentvoll, tiefgründig, tierlieb,
töricht, tolerant, tollkühn, tollpatschig, tough, träge, träume-
risch, transparent, treu, treuherzig, trotzig, trübsinnig, tüchtig,
tyrannisch

umgänglich, umsichtig, umständlich, umtriebig, unabhängig,
unanständig, unantastbar, unartig, unaufrichtig,
unausstehlich, unbedeutend, unbeherrscht, unbeirrbar,

unbelehrbar, unberechenbar, unbeschreiblich, unbeschwert, unbeständig, unbeugsam, undankbar, undiszipliniert, undurchschaubar, undurchsichtig, unehrlich, uneigennützig, uneinig, unentschlossen, unerbittlich, unerreichbar, unerschrocken, unerschütterlich, unerträglich, unfair, unfein, unflätig, unfolgsam, unfreundlich, ungeduldig, ungehörig, ungehorsam, ungepflegt, ungerecht, ungeschickt, ungestüm, ungewöhnlich, ungezogen, ungezügelt, ungläubig, unglaubwürdig, unheimlich, unhöflich, unkompliziert, unkonventionell, unkonzentriert, unmenschlich, unnahbar, unnachgiebig, unordentlich, unparteiisch, unpünktlich, unruhig, unsachlich, unscheinbar, unschlüssig, unschuldig, unselbständig, unsensibel, unseriös, unsicher, unstet, unterhaltsam, unternehmungslustig, untertänig, unterwürfig, untreu, unverschämt, unverzagt, unzufrieden, unzuverlässig, überdreht, überemotional, überfürsorglich, übergenau, überheblich, überkandidelt, überkritisch, überlebensfähig, überlegen, überlegt, übermütig, überragend, überraschend, übersensibel, überspannt, überwältigend, überzeugend

väterlich, verachtend, verärgert, verantwortungsbewusst, verbindlich, verbissen, verbittert, verbohrt, verbrecherisch, verfressen, verführerisch, vergesslich, verharrend, verlässlich, verlangend, verlegen, verletzbar, verliebt, verlogen, vermittelnd, vernünftig, verräterisch, verrucht, verrückt, versaut, verschlagen, verschlossen, verschmitzt, verschroben, versessen, verspielt, verständnislos, verstört, verträumt, vertrauenswürdig, verwahrlost, verwegen, verwirrt, verwöhnt, verwundert, verzweifelt, vielschichtig, vielseitig, vital, voreingenommen, vorlaut, vornehm, vorsichtig, vorwitzig wählerisch, wagemutig, waghalsig, wahnsinnig, wahnwitzig, wahrhaftig, wahrheitsliebend, wankelmütig, warmherzig, wechselhaft, wehmütig, weiblich, weich, weinerlich, weinselig, weise, weitsichtig, weltfremd, weltoffen, wichtigtuerisch, widerlich, widerspenstig, widersprüchlich, widerstandsfähig, wild, willenlos, willensschwach, willensstark, willig, willkürlich, wissbegierig, wissensdurstig, witzig, wohlerzogen, wohlgesinnt, wohlwollend, wortkarg, würdelos, würdevoll, wundervoll

zäh, zärtlich, zaghaft, zappelig, zart, zartbesaitet, zauberhaft, zaudernd, zerbrechlich, zerstörerisch, zerstreut, zickig, ziellos, zielorientiert, zielstrebig, zimperlich, zögerlich, züchtig, zufrieden, zugeknöpft, zukunftsgläubig, zupackend, zurechnungsfähig, zurückhaltend, zuverlässig, zuversichtlich, zuvorkommend, zwanghaft, zweifelnd, zwiegespalten, zwielichtig, zwingend

Bedürfnisse erfüllt

angeregt
abenteuerlich
aufgeregt
angenehm
atemlos
aufgedreht
ausgeglichen
befreit
begeistert
behaglich
belebt
berauscht
berührt
beruhigt
bescheiden
beschwingt
bewegt
bezaubert
dankbar
eifrig
ekstatisch
empfindsam
energetisiert
energisch
engagiert
enthusiastisch
entlastet
entschlossen
entspannt
entzückt
erfreut
erfrischt

erfüllt
ergriffen
erleichtert
ermutigt
erstaunt
erwartungsvoll
fantastisch
fasziniert
frei
freundlich
friedlich
froh
gebannt
gefasst
gefesselt
gefühlvoll
gelassen
geistreich
gemütlich
gespannt
gerührt
gesammelt
geschützt
glücklich
gutgelaunt
heiter
hellwach
herzlich
hingerissen
hocherfreut
hoffnungsvoll
inspiriert

intensiv
interessiert
jubelnd
kraftvoll
klar
lebendig
leicht
liebevoll
locker
lustig
lustvoll
mit Liebe erfüllt
motiviert
munter
mutig
neugierig
optimistisch
ruhig
satt
schmelzend
schwungvoll
selbstsicher
selbstzufrieden
selig
sicher
sich freuen
sorglos
spritzig
still
stolz
strahlend
tapfer

überglücklich
überrascht
überschäumend
überschwänglich
überwältigt
unbekümmert
unbeschwert
unerschütterlich
vergnügt
verliebt
vertrauensvoll
verzaubert
wach
warmherzig
weit
wissbegierig
zart
zärtlich
zufrieden
zugeneigt
zugewandt
zutraulich
zuversichtlich

Bedürfnisse NICHT erfüllt

abgeschnitten	ermüdet	niedergeschlagen
abwehrend	ernüchtert	passiv
ängstlich	erschlagen	peinlich
ärgerlich	erschöpft	perplex
alarmiert	erschreckt	ruhelos
angeekelt	faul	traurig
angespannt	frustriert	sauer
voller Angst	furchtsam	scheu
angstschlotternd	gehemmt	schlapp
apathisch	geladen	schlechtgelaunt
argwöhnisch	gelangweilt	schüchtern
ausgelaugt	gemein	schockiert
befangen	gequält	schuldig
bedrückt	gestört	schwer
beklommen	gleichgültig	skeptisch
beschämt	feindselig	sorgenvoll
beunruhigt	hilflos	streitlustig
besorgt	horrorhaft	teilnahmslos
bestürzt	in Panik	todtraurig
betroffen	irritiert	tot
bitter	jämmerlich	überhitzt
deprimiert	kalt	überwältigt
dumpf	kribbelig	unbeteiligt
durcheinander	lasch	voller Sorgen
durchgeschüttelt	leblos	unklar
eifersüchtig	lethargisch	unglücklich
einsam	lustlos	unnahbar
empfindlich	missmutig	unter Druck
empört	miserabel	unbehaglich
entmutigt	misstrauisch	ungeduldig
enttäuscht	müde	ungemütlich
entrüstet	nervös	uninspiriert

unruhig
unzufrieden
verängstigt
verärgert
verbittert
verklemmt
verletzt
verloren
verrückt
verschlafen
verschlossen
verschreckt
verspannt
verstört
verzweifelt
verwirrt
widerstrebend
widerwillig
wütend
zappelig
zögerlich
zornig

Ausdruck der Lebensenergie

Abwechslung
Aktivität
Anerkennung
Akzeptanz
Aufrichtigkeit
Austausch
authentisch sein
Autonomie
Balance von
- Arbeit und Freizeit
- Geben und Nehmen
- Sprechen und Zuhören
- aktiv sein und ausruhen
Bewegung
Bewusstheit
Beständigkeit
Bildung
Disziplin
Effektivität
Ehrlichkeit
Einfachheit
Einfühlsamkeit
Engagement
Entspannung
Entwicklung
Erfolg
ernst genommen werden
feiern
Flexibilität
Freiheit
Freizeit
Freude bereiten

freundlicher Umgang
Freundschaft
Frieden
Gastfreundschaft
Geborgenheit
gehört werden
gesehen werden
Gelassenheit
Geniessen
Gesundheit
Gemeinschaft
Gleichwertigkeit
Glück
Großzügigkeit
Harmonie
Herausforderung
Hilfsbereitschaft
Humor
Identität
Initiative
innerer Frieden
Integrität
Inspiration
Kultur
Kompetenz
Konfliktfähigkeit
Kongruenz
Kontakt
Konzentration
Kraft
Kreativität
Lebensfreude

Lebenserhalt
Liebe
Menschlichkeit
Mitgefühl
mitgestalten
Mut
Nähe
Natur
Offenheit
Optimismus
Originalität
Ordnung
partnerschaftlicher Umgang
Privatsphäre
Pünktlichkeit
Raum für pers. Ausdruck
Respekt
Ruhe
Rücksicht
Selbstbestimmung
Selbstrespekt
Selbstverantwortung
Selbstvertrauen
Selbstverwirklichung
Sicherheit
Sinnhaftigkeit
Schutz
Sport
Umweltschutz
Umweltbewusstsein
Sexualität
soziales Engagement

Spiritualität
Stärke
Tatkraft
Tiefe
Toleranz
Unterstützung
Verantwortlichkeit
Verbundenheit
Vergnügen
Vertrauen
Verständnis
Verlässlichkeit
Vielfalt
Vorwärtskommen
persönliches Wachstum
wahrgenommen werden
Wärme
Weitblick
Wertschätzung
wirtschaftliche Sicherheit
Wissen, wo man dran ist
Zeit sinnvoll nutzen
Zeit effektiv nutzen
Zentriertheit
Zielstrebigkeit
Zugehörigkeit

STECKBRIEFE

Name

Haare
Augen
Haut
Merkmale

Eigenschaften

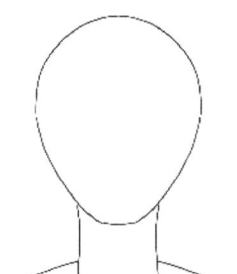

Name

Haare
Augen
Haut
Merkmale

Eigenschaften

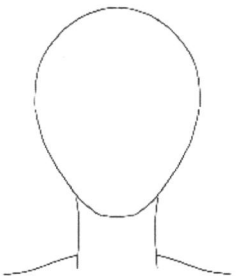

Name

Haare
Augen
Haut
Merkmale

Eigenschaften

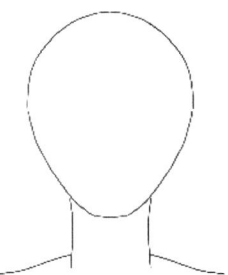

Name

Haare
Augen
Haut
Merkmale

Eigenschaften

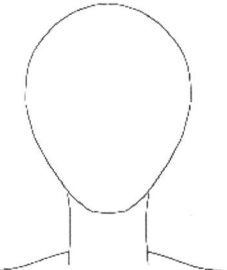

Name

Haare
Augen
Haut
Merkmale

Eigenschaften

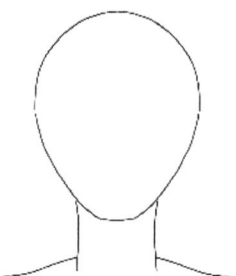

Name

Haare
Augen
Haut
Merkmale

Eigenschaften

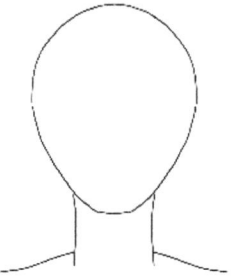

Name

Haare
Augen
Haut
Merkmale

Eigenschaften

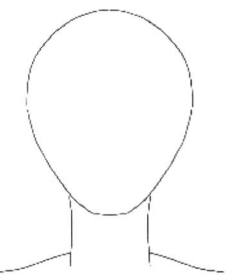

Name

Haare
Augen
Haut
Merkmale

Eigenschaften

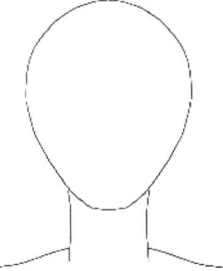

FIGUREN - NOTIZEN

Charaktertest

16 Personalities -- https://www.16personalities.com/

FIGUREN - NOTIZEN

WELTENBAU

Realität
Einheiten
& Kalender

ENTITÄTEN

Physisch

Klima

Wetter

Terrain

Fauna & Flora

Kosmologie

Menschen

Magie

Kulturell

Sprache

Geschichte

Wirtschaft

Religion

Grenzen

Nahrungsmittel

soziale Umgangsformen

Tabus

Architektur

Gender

Politik

Traumdeutung

Technik

Sexualität

UMGEBUNG

Urwald, Wald, Wiese, Gras, Steppe, Ebene, Feld, Acker

Wüste, Tundra, Savanne, Regenwald, Dornstrauchsavanne,
Steppe, Karstwald,

Vulkan, Geysir, Quelle,

Meer, See, Teich, Sumpf, Riet, Schlamm, Fluss, Bach,
Wasserfall, Damm, Deich,

Fels, Berg, Höhle, Tunnel, Kaverne, Grube, Plateau,

rau, unbewohnt, verlassen, bewohnt, überfüllt, überlaufen, weitläufig, sauber, überwachsen, kahl, ausgetrocknet, zertrümmert, feucht, saftig, abgelegen, hoch, weit, friedlich

WETTER

Nebel
dicht, weiss, zäh, undurchsichtig, milchig, tief, weich, feucht,
dreckig, grau, dunstig

Wind
peitschen, sanft, lau, warm, heiss, eisig, frostig, schneidend,
beissend, durchdringend

Regen / Sturm
wütend, endzeitlich, zerstörerisch, berstend, mächtig,
verheerend

Donner
erschütternd, grollend, knallend, unheilverkündend, tief,
rollend

Himmel
diesig, grau, schwarz, blau, azur, rosa, wolkenverhangen,
düster, silbergrau

Wolken
grau, weiß, dicht, Schleier, gesprenkelt, schwer, leicht, dünn,
fluffig, Watte,

Hitze
sengend, trocken, feucht, brennend, tropisch, schweisstreibend,
erdrückend, sonnig,

Luft
frisch, weich, süss, klar, trocken, heimatlich, giftig, dreckig,
abgestanden,

Schnee / Graupel / Hagel
schwer, leicht, federleicht, nass, flockig, zerstörerisch,
faustgross, verspielt, malerisch, märchenhaft

TIERE

Zweibeiner
Vierbeiner
Sechsbeiner
Achtbeiner
x-Beiner

Flosse
Schwanz
Flügel

Pflanzenfresser
Fleisch-, Fisch-, Wild-, Menschenfresser

Säugetier
Beuteltier
Amphibie, Reptil, Insekt
Einzeller

Höhle, Bau
Nest
Unterholz

Fell, Haar, Federn
Panzer
Schuppen
Stacheln
Knorpel
Schwamm
nackt

nachtaktiv, tagaktiv
nachtsichtig, blind, UV-sichtig

schnell, nervös
langsam, behäbig, schwerfällig
anmutig, elegant

Gift, lähmend, tödlich, berauschend
Feuer
Spucke, Speichel

fliegen, segeln
kriechen
krabbeln
rennen
schleichen
surren
klappern

Kralle
Pfote
Flügel
Pranke
Zangen
Hufe

Reisszähne, Mahlzähne
Stachel, Horn, Geweih, Schnabel
Fühler

kreischen
piepsen, zirpen
keckern, pfeifen
fauchen, knurren, brüllen
fletschen

FOOD

Berg-
Fluss-
Wüsten-
Wiesen-

Zucker-
Salz-
Öl-
Essig-
Pfeffer-

Fisch-
Fleisch-
Vogel-
Meeres-(früchte)
Gemüse-

gebraten
gedünstet
fritiert
gekocht, geschmort
gegart
gegrillt
geröstet, getrocknet, gedörrt

süss
sauer
salzig
bitter
umami
fettig
trocken

Rübe, Knolle, Kraken, Muschel, Beere, Tropfen, Wal, Kerze, Kürbis, Reis, Wurzel, Alge, Kecks, Pfirsich, Birne, Fisch, Beete, Salat, Gurke, Huft, Pfote, Knospe, Nuss, Kern, Zunge, Ohr, Apfel, Pilz, Kugel, Bollen, Bohne, Kopf, Mus, Ente, Pfeffer, Galle, Magen, Auge, Schnecke, Paste, Tasche, Beutel, Schwanz, Rose, Hals, Herz, Butter, Knoblauch, Nudeln, Eier, Rippen, Brot, Fladen, Puder, Suppe, Tomate, Pflanze, Blüte, Schnaps, Wein, Kartoffel, Katze, Fell, Knödel, Erbse, Käse, Zwiebel, Schote, Bällchen, Saft, Sauce, Krebs, Filet, Flosse, Karamel, Cognac, Brühe, Wasser, Tee, Teig, Salat, Griess, Mais, Weizen, Roggen, Honig, Mandeln, Kümmel, Kohl, Schlange, Flügel, Zitrone, Creme

RELIGION

monotheistisch
politheistisch
atheistisch
futuristisch
naturalistisch
spiritualistisch
materialistisch

frei
geisselnd
moralisierend

schriftlich
mündlich

Feierlichkeiten
Zeremonie

Priester, Rabbi
Geistlicher
Mönch

Kloster
Tempel
Kirche
Moschee
Beichtstuhl

Kutte
Talar
Krone
Haube
Zeremonienstab
Kerze, Kandelaber
Weihwasser

Gebet
Meditation
Trance
Gesang
Rufe
Rezitation
Lithurgie

MAGIE

... hat Grenzen.

Was kann Magie tun?
Was kann sie steuern bzw. verändern?
Wo sind ihre Grenzen?
Nachteile wenn sie benutzt wird?

Wer kann Magie benutzen?
Alle? Nur Auserwählte?
Ist sie natürlich? Muss sie erlernt werden?
Wer lehrt sie?
Wie wird sie bezeichnet?

Wie wird Magie benutzt? Hilfsmittel?
Kann sie verstärkt werden?
Ist sie sichtbar, hörbar, riechbar usw.?
Welchen Stellenwert hat sie in der Gesellschaft?
Welchen Einfluss hat sie auf die Gesellschaft?

Woher kommt die Magie?
Wo ist sie?

Wann erscheint Magie?
Bricht sie plötzlich aus oder ist sie Geburtsrecht?
Lässt sie nach? Warum?
Ist ein Verlust reversibel oder tödlich?

Hellsicht, Telekinese, Menschen beeinflussen,
Gedanken manipulieren, Teleportation, Visionen,
kommunizieren mit: Geisterwelt, Toten, Tieren, Pflanzen

Beherrschen von:
Wasser, Erde Feuer Luft, Metall, Holz, Glas, Energie, Pflanzen

Körperkraft, Schwerkraft, Bewegung, Geschwindigkeit

Verwandlung in:
Tier, Gegenstand, Luft, anderen Menschen

WÄHRUNG

Bsp.

1	Taler	=	10	Kronen
1	Krone	=	10	Kreuzer
1	Kreuzer	=	5	Pik

1	Taler	= Monatsgehalt eines Bäckers
1	Krone	= Preis eines Mantels
1	Kreuzer	= Preis für 1 Flasche Wein
1	Pik	= Preis für 1 Brot

---

1 .... = ...
.... = ...
.... = ...

1 .... = ...
1 .... = ...
1 .... = ...
1 .... = ...

---

1 .... = ...
.... = ...
.... = ...

1 .... = ...
1 .... = ...
1 .... = ...
1 .... = ...

1 .... = ...
.... = ...
.... = ...

1 .... = ...
1 .... = ...
1 .... = ...
1 .... = ...

---

1 .... = ...
.... = ...
.... = ...

1 .... = ...
1 .... = ...
1 .... = ...
1 .... = ...

---

1 .... = ...
.... = ...
.... = ...

1 .... = ...
1 .... = ...
1 .... = ...
1 .... = ...

WAFFEN

Dolch
Lanze
Speer
Dolchstab
Kriegslanze
Wurfspieß (Pilum)
Speerschleuder (Amentum)
Spieß
Reiterspieß
Hackenspieß
Hellebarde

Pfeil & Bogen
Schleuder
Pfeilschleuder
Stockschleuder
Krähenfuß

Axt
Keule
Streitaxt
Hammer
Hackebeil
Beil
Pflock
Nagel
Morgenstern

Schwert
Langschwert
Machete
Messer
Fleischermesser
Sichel
Katana

Peitsche
Zangen
Garotte

Katapult
Blide
Steinwurfmaschine
Schleuder

ARCHITEKTUR

Stadt, Metropole, Dorf, Weiler, Insel, Oase, Kolonie,
Nomaden, Reitervolk

Steinhütte
Holzhütte
Lehmhütte
Iglu
Jurte,
afrik. Kraal
Tulou-Rundhaus
Berberzelt
hängende Tempel in Shanxi
Meteora Klöster

Glockenturm
Kuppel, Gerippe, Laterne
Alkoven, Nische
Tor
Arkade, Portikus, Säulengang
Rundbogen, Spitzbogen
Architrav, Querbalken
Tempelgarten, Orangerie,
Säule, Stütze, Stehle

MASSEINHEITEN

metrisch vs. angloamerikanisch

Distanz
1 km	=	0.62 Meilen
1 m	=	3.2 Fuß
10 cm	=	3.9 Inch

Gewicht
| 1kg | = | 2.2 Pfund |
| 1kg | = | 35 Unzen |

Flüssig
| 10 Liter | = | 2.2 Gallonen |

veraltet
| 1 Elle | = | zw. 50-100 cm |
| 1 Pfund | = | 500 g |

GESCHWINDIGKEITEN

Segelschiffe um 1800

1 Knoten	= 1.85 km/h
Schoner	min. 4,4 kn - max. 15,8 kn
Fregatte	min. 4,2 kn - max. 18,7 kn
Klipper	min. 5,5 kn - max. 19,8 kn
Linienschiff	min. 3,2 kn - max. 14,4 kn
Piratenfregatte	min. 5,0 kn - max. 22,5 kn
Dschunke	min. 4.0 kn - max. 7.0 kn

Vögel

Brieftaube: mehrere hundert Kilometer mit bis zu 120 km/h
Kolkrabe: bis zu 60 km/h

Pferd

Je leichter das Pferd, umso schneller ist es.
Je schwerer das Pferd, umso kräftiger ist es.

Vollblut: leicht und für lange Distanzen
Warmblüter: mittelschwer mit schweren Reitern
Kaltblüter: schwere Pferde, die schwere Lasten ziehen

im Schritt inkl. Reiter 5-7 km/h

im Trab inkl. Reiter 10-20 km/h
Gangart mit schnellstem Vorankommen und geringstem Energieverbrauch, gut über lange Distanzen.

im Galopp inkl. Reiter
normaler Galopp 30-35 km/h, bis 60min möglich
Renngalopp bis 80 km/h, aber max. 10km weit

Realistisch bei optimalem Gelände
60-80km in 12 Stunden mit gezielten Pausen für das Pferd

Höchstgeschwindigkeit
mit wechselnden Distanzpferden, die man alle 60min wechselt
bis 200km in 12 Stunden möglich.
Achtung! Kondition des Reiters berücksichtigen!

Je müder das Pferd, umso größer die Gefahr von Verletzungen.

Pferdewagen mit Personen geeignet für leichte Pferde, die auch
schneller sein können.
Schwere Wagenladungen eher für kräftiges und schweres Pferd,
das aber langsam ist.

1 Pferd mag gut 4 Personen bei leichtem Pferdewagen.
2 Pferde mögen gut 8 Personen ziehen.
Geschwindigkeit: 5-7 km/h

2 Pferde mit grosser Kutsche bis 20km/h, wenn Gelände optimal ist.

Je mehr Pferde, umso weiter und länger möglich.

WOCHENTAGE

7d Woche	Fantasyname
Montag	....
Dienstag	....
Mittwoch	....
Donnerstag	....
Freitag	....
Samstag	....
Sonntag	....
Montag	....
Dienstag	....
Mittwoch	....
Donnerstag	....
Freitag	....
Samstag	....
Sonntag	....
Montag	....
Dienstag	....
Mittwoch	....
Donnerstag	....
Freitag	....
Samstag	....
Sonntag	....

10d Woche   **Fantasyname**

Montag ....

Dienstag ....

Mittwoch ....

Donnerstag ....

Freitag ....

Samstag ....

Sonntag ....

....

....

....

Montag ....

Dienstag ....

Mittwoch ....

Donnerstag ....

Freitag ....

Samstag ....

Sonntag ....

....

....

....

MONATE

12 Monate	Fantasyname	Tage
Januar	....	....
Februar	....	....
März	....	....
April	....	....
Mai	....	....
Juni	....	....
Juli	....	....
August	....	....
September	....	....
Oktober	....	....
November	....	....
Dezember	....	....
Januar	....	....
Februar	....	....
März	....	....
April	....	....
Mai	....	....
Juni	....	....
Juli	....	....
August	....	....
September	....	....
Oktober	....	....
November	....	....
Dezember	....	....

.... Monate	**Fantasyname**	**Tage**
Januar	....	....
Februar	....	....
März	....	....
April	....	....
Mai	....	....
Juni	....	....
Juli	....	....
August	....	....
September	....	....
Oktober	....	....
November	....	....
Dezember	....	....
....	....	....
....	....	....
....	....	....
....	....	....
....	....	....
....	....	....
....	....	....
....	....	....
....	....	....
....	....	....
....	....	....
....	....	....
....	....	....
....	....	....
....	....	....

KALENDER

Tag	Ereignis	Mond

Tag	Ereignis	Mond

KALENDER

Tag	Ereignis	Mond

Tag	Ereignis	Mond

WELTENBAU - NOTIZEN

Inspiration zur Bedeutung von Tieren
IG: larasfedern

Kalender
https://donjon.bin.sh/fantasy/calendar/

Fantasy Maps
https://inkarnate.com/
https://azgaar.github.io/Fantasy-Map-Generator/
https://donjon.bin.sh/
https://watabou.itch.io/medieval-fantasy-city-generator

WELTENBAU - NOTIZEN

PRAXISHILFE

Texten
Editieren
& Wissen

PITCH

Beispiel 1

Wen oder was
Verb
Wen
Wohin

Eine Untersuchung eines Doppelmordes schickt Alex Cross nach Alabama. (James Patterson: Deadly Cross, 2020)

Beispiel 2

Wer, der was
Verb
macht was
, wo was passiert

Ein Arzt, der bei der Marine in Afghanistan dient, kehrt nach North Carolina zurück, wo zwei Frauen sein Leben verändern. (Nicholas Sparks: The Return, 2020)

Beispiel 3

―――――――――――――――――――

Wer
Verb
Wo
Wen
Verb

―――――――――――――――――――

Ein 16-Jähriger wird beschuldigt, 1990 in Clanton, Miss., einen Abgeordneten getötet zu haben. (John Grisham: A Time for Mercy, 2020)

Beispiel 4

―――――――――――――――――――

Wer
Verb
Wen oder was
Während er/sie/es
Wen oder was
Verb

―――――――――――――――――――

Die 16-jährige Beth Harmon macht Veränderungen durch, als sie bei der US Open-Meisterschaft Schach spielt.

KLAPPENTEXT

... fasst maximal das erste Viertel des Buches zusammen.

Beispiel 1

―――――――――――――――――――――

Wer
Problem von ihm
Aussichten in Zukunft
Welche Lösung findet er
Wie sieht die Lösung aus
Aber ...
Was tut er und was erkennt er dabei - aber ...

―――――――――――――――――――――

Rin ist ein einfaches Waisenmädchen, das im Süden des Kaiserreichs Nikan lebt. Ihre Adoptiveltern benutzen sie als billige Arbeitskraft, und um sie herum gibt es nur Armut, Drogensucht und Ödnis. Um diesem Leben zu entfliehen, setzt sie alles daran, um an der Eliteakademie von Sinegard aufgenommen zu werden. Doch auch dort wird Rin wegen ihrer Herkunft verspottet und ausgegrenzt. Da bricht ein Krieg gegen das Nachbarreich aus. Rin muss nun kämpfen und entdeckt dabei, dass ihre Welt nie so einfach war, wie sie geglaubt hatte - und dass sie zu viel mehr in der Lage ist, als sie selbst je für möglich gehalten hätte.
(R.F. Kuang - Im Zeichen der Mohnblume)

Beispiel 2

———————————————————————

Wo hat man was, um was zu tun?
Beteiligte dürfen was tun, solange was verschont bleibt?
Wer tut was, um was zu tun?
Alles ist gut, bis was passiert?
Womit wird gedroht?
Welcher Kampf beginnt – ohne dass wer was ahnt?

———————————————————————

Im Stadtstaat Camorr hat man eine ganz eigene Lösung gefunden, um die Kriminalität unter Kontrolle zu halten: den „Geheimen Frieden". Gemäss dieser Absprache zwischen dem Adel und dem Herrscher der Unterwelt dürfen Diebe mehr oder weniger ungestraft ihr Unwesen treiben, solange die Aristokratie von ihnen verschont bleibt. Doch Locke Lamora und seine Gentlemen-Ganoven halten nicht viel von Absprachen und haben es sich zur Gewohnheit gemacht, die Reichen der Stadt um ihr Geld zu erleichtern. Das funktioniert wunderbar, bis der geheimnisvolle Graue König mithilfe eines scheinbar unbesiegbaren Soldmagiers die Macht über die Unterwelt an sich reisst und droht, das sensible Herrschaftsgefüge von Camorr aus dem Gleichgewicht zu bringen - und dazu braucht er Lockes einzigartige Fähigkeiten ...
(Scott Lynch - Die Lügen des Locke Lamora)

Beispiel 3

Umgebung beschreiben – wie ist die Welt von XX?
Wer tut womit was?
Wer kämpft dagegen an?
Womit und mit wem hat er was vor?
Was genau will er tun?

Ein roter Himmel, Asche, die das Land bedeckt, und unheimliche Nebel, die aus dem Boden emporsteigen – die Welt des Letzten Reiches ist düster und unheilvoll. Der unsterbliche Lord Ruler herrscht mit eiserner Hand und unterdrückt das Volk der Skaa als Sklaven. Doch damit will Kelsier sich nicht abfinden. Der junge Skaa besitzt mächtige Fähigkeiten und versammelt eine Gruppe Rebellen um sich, um einen ungeheuerlichen Plan zu verwirklichen: Mithilfe der magischen Kräfte der Allomantie will Kelsier Lord Ruler stürzen ...
(Brandon Sanderson - Die Kinder des Nebels)

Beispiel 4

Was ist das Merkmal des Landes?
Was war es einst, was ist es heute?
Wer will was zu tun?
Was hat Protagonist für ein Problem?
Wer steht ihm bei und was ahnt der Protagonist nicht?

Roschar ist eine sturmumtoste Welt. Einst von mächtigen Kriegern beherrscht, deren magische Schwerter über Leben und Tod entschieden, droht es nun im Chaos zu versinken. Dalinar, der Grossprinz von Alethkar, ist besessen von dem Wunsch, das Geheimnis der Schwerter zu ergründen und das zerfallene Königreich zu einen. Doch der ehemals geniale Heerführer wird von nächtlichen Visionen geplagt, und der Glanz seiner früheren Heldentaten ist längst verblasst. Noch ahnt Dalinar nicht, dass auch der Sklave Kaladin und die junge Adlige Schallan Teil des grossen Spiels um das Schicksal der Sturmwelt sind ...
(Brandon Sanderson - Der Weg der Könige)

ERSTER SATZ

Atmosphäre: Asche fiel vom Himmel.
Brandon Sanderson: Kinder des Nebels

Dialog: „Was hast du gesagt?"
„Ich habe gesagt, daß ich mit ihnen
wegfahre. Es wird ihnen guttun, ein
bißchen rauszukommen."
Anna Gavalda: Ich habe sie geliebt

Widerspruch: Ich bin nicht Stiller.
Max Frisch: Stiller

Historie einbinden: Es war ein verrückter schwüler
Sommer, dieser Sommer, in dem
die Rosenbergs auf den elektrischen
Stuhl kamen und ich nicht wusste,
was ich in New York eigentlich
wollte.
Sylvia Plath: Die Glasglocke

Leser ansprechen: "Nenne mich Ismael"
Herman Melville: Moby-Dick

Achtung!
- nicht zu viele Adjektive
- keine gewagten Metapher

ÜBERARBEITEN

- Füllwörter streichen

- einfaches Wort vor kompliziertem

- subtile Redundanzen
  - \+ er klatschte
  - − er klatschte in die Hände

- vermeide zu sagen, was nicht ist bzw. passiert
  - \+ er ist glatt rasiert
  - − er hat keinen Bart

- lieber starke Substantive und Verben als Adjektive

- unnötige Regieanweisungen weg

- Aktiv vor Passiv

- innerhalb von Szenen keinen Perspektivenwechsel

- keine Clichés

- Show, don't tell!
  - \+ Sie zittert.   (Figur in Action)
  - − Es ist kalt

- vermeide ähnliche Figurennamen, und wenn möglich sogar die gleichen Anfangsbuchstaben

FÜLLWÖRTER

Sind diese Wörter wirklich notwendig oder richtig verwendet?

- schliesslich
- plötzlich
- „das Gefühl haben"
- etwas scheint so, als ob … (es schien), anscheinend
- einen Moment
- etwa, etwas, in etwa,
- doch
- einfach
- viel, immer, manchmal
- eigentlich
- nun
- endlich
- bei weitem
- besonders
- einmal
- fast
- gar, ganz und gar, gewiss, genau, gänzlich, geradezu
- regelrecht

SPANNUNG STEIGERN

abrupt, blitzartig, blitzschnell, flink, rasant, schnell, mörderisch, stürmisch, tobend

schleichend, schwermütig, totenstill, qualvoll

beängstigend, bedrohlich, gefährlich, gespenstisch, furchterregend, bedrückend, angsteinflößend, ängstlich, besorgt, schaurig

beeindruckend, eindrucksvoll, fantastisch, irrsinnig, aufgeregt, rauschend

beißend, brennend, stechend, grell, widerlich, würgend

blindwütig, erregt, fuchsteufelswild, gemein, draufgängerisch, gewagt, verwegen

brüllend, schreiend, quietschend, zischend, eiskalt

dunkel, düster, finster, griesgrämig, heldenhaft,

eigenartig, fremdartig, quälend, ekelhaft, fürchterlich, erdrückend, durchdringend, ominös, spannend, riskant

jähzornig, wahnsinnig, wild, zornig, lauthals
knarrend

peitschend, spukend, gellend

plötzlich, überraschend, erstarrt, heimlich

LEKTOREN-FEEDBACK

Worauf ich bei meinem Schreibstil achten sollte:

PRAXIS - NOTIZEN

Pitch
https://www.nytimes.com/books/best-sellers/

Titel Generator
https://www.fantasynamegenerators.com/book-title-generator.php

PRAXIS - NOTIZEN

MOTIVATION
SuB
Gründe
& Zitate

SuB - LESEN UND LERNEN

Buch eines Autorenkollegen fertiggelesen?

+   Was hat der Autor gut gemacht?
+/–   Worin war der Autor nicht so gut?
–   Wo hat der Autor absolut abgekackt?

Bei Selbstzweifel Mängel durchlesen und sich gut fühlen!

Titel: ....

+

+/–

–

Titel: ....

+

+/–

–

Titel: ....

+

+/–

–

Titel: ....

+

+/–

–

Titel: ....
+
+/–
–

Titel: ....
+
+/–
–

Titel: ....
+
+/–
–

Titel: ....
+
+/–
–

Titel: ....
+
+/–
–

Titel: ....
+
+/−
−

Titel: ....
+
+/−
−

Titel: ....
+
+/−
−

Titel: ....
+
+/−
−

Titel: ....
+
+/−
−

Titel: ....
+
+/–
–

Titel: ....
+
+/–
–

Titel: ....
+
+/–
–

Titel: ....
+
+/–
–

Titel: ....
+
+/–
–

GRÜNDE ZU SCHREIBEN

Niemand kann meine Geschichte so erzählen, wie ich.

Gott spielen.

Kreativität ausüben.

Ventil

Erfolg

Schlaflosigkeit

Figuren erschaffen und wieder töten.

aus purem Sadismus, ohne selbst zu leiden

Vampire, Piraten, Ganoven

Beweise liefern, dass ...   - die Welt schrecklich ist
                            - die Welt großartig ist
                            - Liebe (nicht) existiert

ZITATE

Bringen Sie es zu Papier. Wagen Sie etwas. Es mag schlecht sein, aber es ist die einzige Möglichkeit, etwas Gutes zustande zu bringen.

— William Faulkner

Schreibe kurz — und sie werden es lesen. Schreibe klar — und sie werden es verstehen. Schreibe bildhaft — und sie werden es im Gedächtnis behalten.

— Joseph Pulitzer

Schreiben ist leicht. Man muss nur die falschen Wörter weglassen.

— Mark Twain

Mir graut vor dem Erscheinen, denn es wird unmöglich sein, sich nichts daraus zu machen, was gesagt wird. Ich habe mein Herz bloßgelegt, und nun kann man darauf schießen.

— J. R. R. Tolkien

Schreibe den ersten Satz so, dass der Leser unbedingt auch den zweiten lesen will.

— William Faulkner

Schreiben ist nichts Besonderes. Alles, was man tut, ist: Man sitzt an einer Schreibmaschine und blutet.

— Ernest Hemingway

Schreiben heißt, sich selber lesen.

— Max Frisch

Der furchteinflößendste Moment ist immer der, bevor du anfängst.

— Stephen King

Wenn etwas leicht zu lesen ist, dann war es schwer zu schreiben.

— Enrique Jardiel Poncela

Das Ziel des Schreibens ist es, andere sehen zu machen.

— Joseph Conrad

Es gibt Bücher, durch die man alles erfährt und doch zuletzt von der Sache nichts begreift.

— J. W. von Goethe

Sag mir nicht, dass der Mond scheint; zeige mir das funkelnde Licht auf zerbrochenem Glas.

— Anton Tschechow

Der erste Satz kann nicht geschrieben werden, bevor der letzte Satz geschrieben ist.

— Joyce Carol Oates

Die besten Bücher sind die, von denen jeder meint, er habe sie selbst schreiben können.

— Blaise Pascal

Ein Autor von Format erholt sich schnell von einem Mißerfolg. Aber selten übersteht ein mittelmäßiger Schriftsteller unbeschadet einen größeren Erfolg.

— Eugène Ionesco

Nichts ist leichter, als so zu schreiben, dass kein Mensch es versteht; wie hingegen nichts schwerer, als bedeutende Gedanken so auszudrücken, dass jeder sie verstehen muss.

— Arthur Schopenhauer

Damals sagte ich zu meiner Frau: „Ich werde ein ganz gefährliches Experiment beginnen. Ich werde für das Publikum schreiben, und ich werde so schreiben, dass alle verstehen, was ich meine."

— Marcel Reich-Ranicki

Only those who risk going too far can possibly find out how far they can go.

— T.S. Eliot

MOTIVATION - NOTIZEN

NOTIZEN
Notizen
& Notizen

NOTIZEN ....

NOTIZEN ....

NOTIZEN ....

NOTIZEN ....

NOTIZEN ....

NOTIZEN ....

QUELLEN

Internet
& Autorin

QUELLEN

PLOT

3-Akt-Sturktur
http://euanmitchell.com/three-act-story-model-a-framework-not-a-formula/

3-9-27-Methode
https://www.ajc-writes.com/blog/how-i-plot-the-3-act-9-block-27-chapter-method

Snow Flake Methode
https://www.advancedfictionwriting.com/articles/snowflake-method/

Heldenreise
http://www.sfcenter.ku.edu/Workshop-stuff/Joseph-Campbell-Hero-Journey.htm

7 Masterplots - Christopher Booker
https://www.how-to-write-a-book-now.com/basic-plots.html#gallery[pageGallery]/0/

20 Masterplots - nach Ronald B. Tobias
(Ronald B,. Tobias: 20 Master Plots and How to build them. Cincinnati 1993)

FIGUREN

Namen
https://donjon.bin.sh/fantasy/name/

Haare
https://de.wikipedia.org/wiki/Frisur

Kleidung
https://de.wikipedia.org/wiki/Kleidung_im_Mittelalter

Phobien
https://phobien.ndesign.de/

Körperfunktione zum Überleben
https://www.thieme.de/viamedici/vorklinik-faecher-physiologie-1509/a/grenzen-des-menschlichen-koerpers-30370.htm?p=all#:~:text=Als%20Faustregel%20kannst%20du%20dir,Wasser%2C%203%20Wochen%20ohne%20Nahrung.

Liste Charaktereigenschaften
https://wortwuchs.net/charaktereigenschaften/

WELTENBAU

Magie

https://verymuchbimyself.tumblr.com/
post/629984438635380736/magic-systems

Geschwindigkeiten

Brieftaube

https://www.brieftaube.de/index.php/brieftaubenwesen/
distanzfl%C3%BCge.html#:~:text=Brieftauben%20besit-
zen%20von%20Natur%20aus,zu%20120%20km%2Fh%20
zur%C3%BCcklegen.

Kolkrabe

https://www.tierchenwelt.de/sperlingsvoegel/69-rabe.html

Schiffe um 1800

https://anno.skotschir.de/index.php/Schiffe

Dschunke

https://www.modellskipper.de/Maritimes/maritime_Begrif-
fe_Deutsch_Abschnitt_D/Dschunke

PRAXISHILFE

Füllwörter
https://bildungssprache.net/fuellwoerter-liste-worte/

Spannung steigern
https://bildungssprache.net/spannungswoerter-adjektive-die-spannung-erzeugen/

MOTIVATION

Zitate
https://melanievoelker.de/zitate-ueber-das-schreiben/

https://www.schreibsuchti.de/2013/10/24/die-schoensten-zitate-uebers-schreiben-eine-subjektive-sammlung/

AUTORIN

Manel Cass. Larroh wurde in Zürich geboren und schreibt Fantasybücher. Neben der Schriftstellerei arbeitet sie als Künstlerin, Designerin und Korrektorin. Sie bereist die Welt in ausgedehnten Auslandaufenthalten und nennt Tokyo ihr zweites Zuhause. Kunst, Kultur, der kalte Norden und der ferne Osten sind ihre Inspiration und Leidenschaft. Sie hat Germanistik in Fribourg (CH) und Literarisches Schreiben in Zürich studiert.

Gefällt Ihnen das White Book? Die Autorin freut sich über eine Rezension.

Oder haben Sie Ideen für weitere Kapitelthemen, welche in die 2. Auflage miteinbezogen werden können? Zögern Sie nicht, dies der Autorin mitzuteilen.

Weitere Infos zu Larrohs Schaffen und ihre Fantasybücher finden sie unter

mclarroh.com

NOTIZFACH
zum
Ausschneiden
& Aufkleben

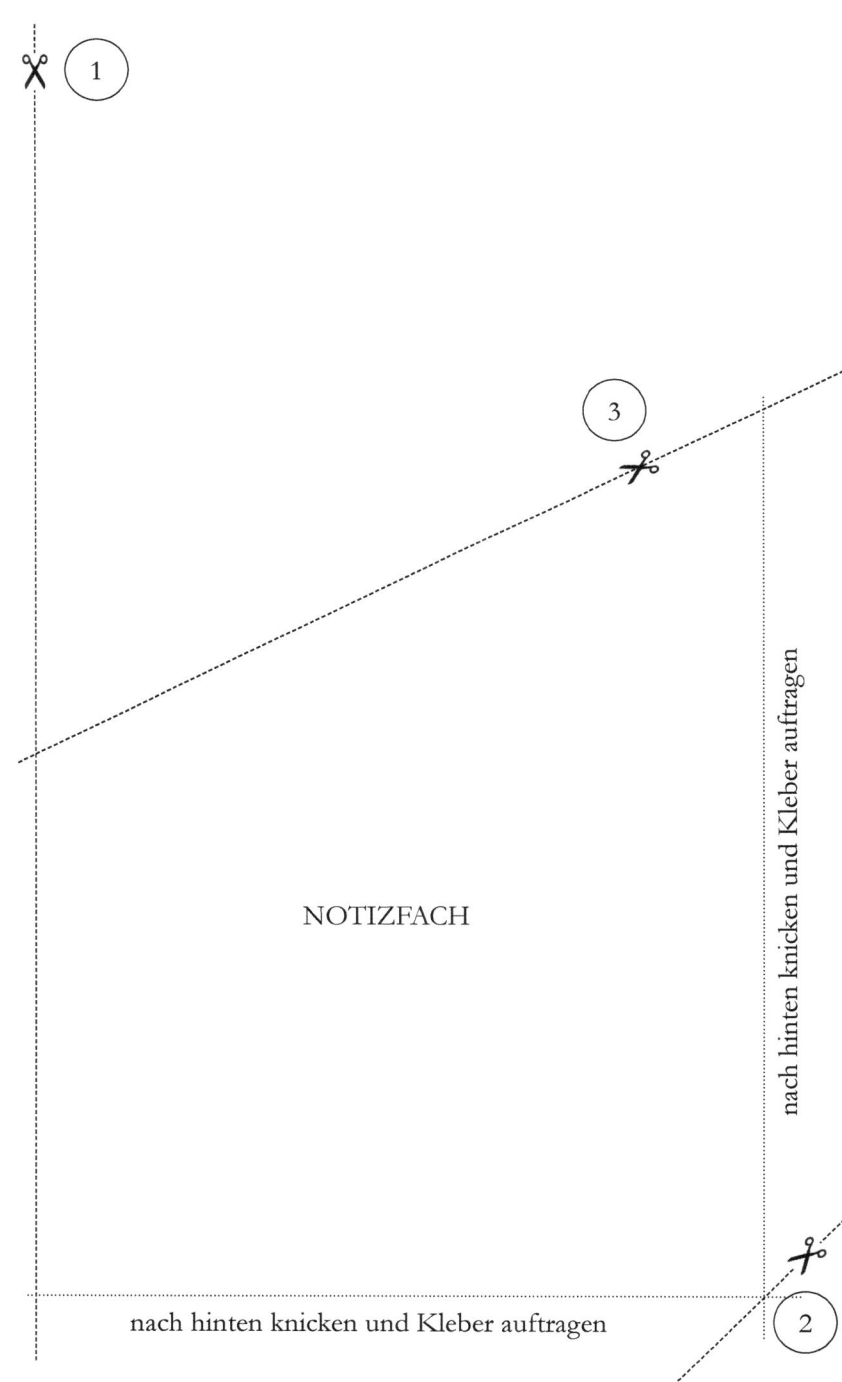